AF280340

letztes **Lied** vom **Phönix** ...

Dialoge

in Religion, Literatur und Politik

[1]

Heimat im Auge von Flüchtlingen

Verlag: BoD • Books on Demand GmbH, In de Tarpen 42, 22848
Norderstedt
Druck: Libri Plureos GmbH, Friedensallee 273, 22763 Hamburg

ISBN: 978-3-7597-8751-4

Widmung

Den Seelen derer, die in den Konflikten des Nahen Ostens ihr Leben verloren haben, und all jenen, die unter ihren Folgen gelitten haben.

In Erinnerung an meinen geliebten Vater, der im September 2023 von uns gegangen ist und einen tiefen Eindruck in mir hinterlassen hat. Ich konnte mich leider nicht von ihm verabschieden. Ihm widme ich dieses Buch.

Denjenigen, die unermüdlich danach streben, Frieden und Stabilität inmitten großer Herausforderungen zu verstehen und zu fördern, sowie jenen, die daran arbeiten, eine bessere Zukunft für dieses leidende Land aufzubauen, widme ich dieses Werk in der Hoffnung, dass es eine Quelle des Wissens und der Analyse sein wird, die zur Lösung der Probleme beiträgt, mit denen die Länder des Nahen Ostens konfrontiert sind.

Inhaltsverzeichnis

Anmerkung des Autors zur deutschen Ausgabe

Es ist mir eine Freude, dieses Buch den deutschsprachigen Leserinnen und Lesern vorzustellen, nachdem es zuvor auf Arabisch erschienen ist – einer Sprache, in der ich meine Gedanken präzise und tiefgründig ausdrücken kann.

Ich bin mir bewusst, dass jede Sprache und Kultur ihre eigenen Nuancen hat, und habe mein Bestes getan, um den Text in der bestmöglichen Form zu präsentieren. Sollte es dennoch Stellen geben, die verbesserungswürdig sind, bitte ich um Verständnis. Ich hoffe, dass dieses Werk eine Quelle des Wissens und der Einsicht sein wird.

Khalil.

Warum dieses Buch?

Mit dem Beginn der syrischen Revolution im Jahr 2011 im Rahmen des Arabischen Frühlings, die das Land in einen Bürgerkrieg stürzte und zu seiner Aufteilung in eine Reihe von Gebieten führte

Aufteilung in verschiedene von De-facto-Machthabern kontrollierte Gebiete führte, entstand ein Konflikt, der bis heute anhält.

Dieser Konflikt hat nicht nur das Land zerrissen, sondern auch tiefgehende intellektuelle Auseinandersetzungen in Politik, Religion, Kultur und Identität hervorgerufen.

Die Artikel in diesem Buch entstanden aus Gesprächen mit meinen Kindern, um Fragen zu beantworten, die durch die Ereignisse und Konflikte aufgeworfen wurden. Einige dieser Fragen betreffen soziale, religiöse und literarische Themen, andere sind eng mit Identität und blutigen Konflikten verbunden.

Vor einigen Monaten als ich mich in einer Übergangsphase zwischen zwei Arbeitsstellen befand, hatte ich die Gelegenheit, einige dieser Gespräche auszuwählen und zu überarbeiten, um sie für Eltern und erwachsene Leser geeignet zu machen. Der Stil ist einfach und direkt, wobei ich bemüht war, so prägnant und objektiv wie möglich zu sein. Diese Texte bieten auch eine Möglichkeit, den Menschen, die Flüchtlinge aufgenommen haben, einen Einblick in die Probleme und Herausforderungen der Geflüchteten zu geben, was hoffentlich das gegenseitige Verständnis fördert.

.

Viel Spaß beim Lesen.

Das Cover des Buches

Dieses Cover zeigt ein Gedicht oder ein Stück Prosa, das ich für meine Tochter geschrieben habe, um ihr durch die Erwähnung von historischen Ereignissen und Namen einige Einblicke in die Geschichte der Region zu geben.

Einige Zitate sind schwierig zu verstehen, andere offensichtlich. Ihr Zweck ist es, zur Toleranz und zum Frieden aufzurufen. Das Lustige daran ist, dass ich keine Ahnung habe, wie es auf Deutsch aussieht! Aber es war eine schöne Erfahrung, und ich hoffe, du wirst es genießen.

s ist ein guter Einstieg auch, um etwas Licht in die Konflikte in der Region zu bringen.

Das letzte Lied vom Phönix

Der uralte Phönix, mehrere Males aus Asche wieder geboren,

Zehntausend Jahre hab ich überdauert, nicht verloren,

Auf Ur die uralte Stadt stand ich stolz und stark,

Aus meinen Federn schmiedete ich Kadmos' Schwert, in finster DARK.

Mit Seefahrern zog ich über weites Meer,

Meine Schwingen trugen mich, als ob es gestern wär.

Über Babylon und Baalbek flog ich mit Bedacht,

Auf Ägyptens Gold gekröntes Pyramiden, hab ich Rast gemacht.

Mit meinem Feuer, ihr Herz zum ersten Mal erweckt,

Meine Söhne beteten zu Götzen, von Ehrfurcht bedeckt.

Ein Leben voller Ruhm trug ich Jahr um Jahr,

Meine Kinder bauten Tempel, für El, Baal und Ischtar.

Sie folgten Abraham und hörten Moses' Wort,

Mit Salomo schufen sie den Tempel, im Herz nicht an Ort.

Mit Davids Stimme, ihre Töne erhoben sich,

Kirchen und Moscheen, baute alles sehr wunderschönlich.

Kreuz und Koran trugen sie in vielerlei Gestalt,

In Arabisch, Aramäisch, Syrisch und Hebräisch, die alte Zeit verhallt.

Musnad, Quadrat, Keilschrift und Nabatäisch,

Heute fließt ihr Blut, in Strömen tragisch und vergeblich. Oh, mich

Ich kehre nicht zurück, bis ihr euch selbst verzeiht,

Und die Sünden eurer Väter sowie die heutigen Taten befreit.

Werft eure Schwerter nieder, legt die Gewehre ab,

Nehmt die Feder, die Schaufel, baut neue Stadt anstatt.

In euren Herzen soll Gottes heiliger Schrein erstehen,

Ein neuer Anfang, lasst ihn im Frieden gehen!

Rettet den Irak und was von Syrien und Jemen bleibt,

In euren Händen liegt die Zukunft, die alles übertreibt.

in euren Herzen baut ein Heiligtum für den Herrn, nicht für den Krieg

Bringt den Frieden zurück in Jerusalem die Stadt des Friedens, die Heilig

Rette den Irak, Sham und Jemen, rette was ist übrig

Die Flüchtlingserfahrung in Deutschland

Eine persönliche Perspektive

Auf den ersten Blick mag das Thema "Flucht" etwas abseits der Hauptthemen dieses Buches erscheinen - nämlich der politische Konflikt im Nahen Osten, die regionalen Auseinandersetzungen und der politische Islam im Kontext von Identitätskämpfen und dem Staatsdilemma.

Lass uns die Brücke schlagen als Einführung in die Themen des Buches zu verwenden.

Ein Flüchtling fragte mich einmal: "Was hat dich nach Deutschland gebracht? Mit einem verlegenen Lächeln schaute er von mir weg und meinte damit die sozialen Bedenken, die Eltern aus religiöser, moralischer und kultureller Sicht für ihre Kinder haben. „Wie wird deine Einstellung sein, wenn du siehst, dass dein Sohn oder deine Tochter in die Gesellschaft eintaucht, Freunde findet und trägt, was sie will?", fragte er mit einem Augenzwinkern auf die männliche Seite unserer östlichen Gesellschaften.

Meine Antwort war nicht völlig unvorbereitet, denn diese Frage taucht bei dem ersten Kind einer Familie auf, und hat nicht nur mit der Flüchtlingssituation zu tun, die sie natürlich verkompliziert.

Deshalb überraschte mich seine Frage nicht sehr, und ich antwortete ihn ganz spontan „Das Verhalten der Kinder und ihr sozialer Erfolg oder Misserfolg spiegeln den Erfolg oder Misserfolg ihrer Eltern bei der Betreuung und Führung wider", aber der berufliche und schulische Erfolg ist eine andere Sache und hängt mit anderen zusätzlichen Faktoren zusammen.

Er selbst hat in einem arabischen Land eine sehr schmerzhafte und harte Erfahrung gemacht, und er stellt für mich ein Phänomen dar, das es wert ist, studiert zu werden, und über einige der sozialen und wirtschaftlichen Probleme in unseren Ländern nach zu denken, die sich von Land zu Land unterscheiden, und das ist normal, denn hinter jedem Flüchtling steht eine Geschichte.

Aber er tat das, was viele Menschen tun, nämlich andere in Formen und Kategorien zu setzen, was ein weit verbreiteter Fehler ist. Menschen sind zu komplex, um absoluten Klassifizierungen zu unterliegen, denn sie sind eine Ansammlung von Erfahrungen, Erinnerungen und Ideen, sie können auf der einen

Seite konservativ und auf der anderen liberal sein, das Wichtigste ist, nicht fanatisch zu sein.

Das Wichtigste ist, nicht fanatisch zu sein. Wir versuchen, diese Formen und Klassifizierungen abzubauen und transparent zu diskutieren sowie Starrheit und Intoleranz zu beseitigen, um eine Kultur des konstruktiven und ruhigen Dialogs zu schaffen.

Um auf die vorherige Frage zurückzukommen : Meine Tochter hat mir die gleiche Frage auf eine andere Art und Weise gestellt: Warum sind wir gerade nach Deutschland gekommen? Ich zögerte mit der Antwort, bis ich mir sicher war, dass es nicht an einer schlechten Erfahrung lag, die sie in der Schule, auf der Straße oder sonst wo gemacht hatte.

Wenn du dich immer noch fragst, warum ich nach Deutschland gekommen bin, lautet die Antwort ganz einfach: Weil ich in den Daten, die mir damals zur Verfügung standen, keine bessere Option gefunden habe und ich mich bei der Bewertung möglicher Länder auf bestimmte Faktoren verlassen habe: Erstens die Erreichbarkeit, zweitens die höheren Jobchancen als in anderen Ländern, drittens die besseren Bildungschancen für Kinder und viertens die Demokratie und Rechtsstaatlichkeit.

Was meine Erfahrungen in Deutschland angeht, so ist die Gesamtbeurteilung bisher nicht ideal. Glaube also nicht, dass ich dir aus einem Elfenbeinturm schreibe, sondern versuche mit diesem Buch, am gesellschaftlichen Dialog teilzunehmen und meine Sichtweise darzustellen und von den Erfahrungen und Visionen anderer zu profitieren.

Aber Fairness setzt voraus, dass man anerkennt, dass es ein großes Verdienst der deutschen Regierung und des deutschen Volkes ist, uns Syrern eine zweite Chance gegeben zu haben, wofür ich sehr dankbar bin, und ich danke den Menschen für ihre Gastfreundschaft.

Wir wollen hier versuchen, die Werte, die uns nach Europa gebracht haben, auf unser Land zu übertragen, ohne unsere Identität zu verlieren, und auf der anderen Seite einige unserer Probleme in dieser Gesellschaft und die gegenseitige Beeinflussung unter uns und deren Auswirkungen auf unser Herkunftsland diskutieren.

Angst im Schatten der Demokratie

Keiner der Flüchtlinge hat davon geträumt, sein Land zu zerstören, bevor er Europa erreicht hat, und die Millionen, die in Zelten leben, träumen davon, in ihre Heimat zurückzukehren, um sie wieder aufzubauen, und nicht als erste Option nach Europa.

Diejenigen, die Europa erreicht haben oder davon träumen, Europa zu erreichen, träumen von der Freiheit und Sicherheit, die sie in ihren Ländern verloren haben, in denen blutige Konflikte herrschen und es an Demokratie und Rechtsstaatlichkeit fehlt,

Die europäische Demokratie hingegen war keine Selbstverständlichkeit, sondern eine schwierige, jahrhundertelange Erfahrung, die mehrmals aufstieg und scheiterte und bei der Millionen ihr Leben und ihre Heimat verloren, bevor sie ihre Heimat so aufbauten, wie wir sie heute sehen.

Das letzte Jahrhundert war Zeuge ähnlicher Ereignisse, bei denen aufstrebende Demokratien wie die deutsche Weimarer Regierung und länger bestehende Demokratien wie das liberale Italien und andere europäische Länder unter wirtschaftlichen und politischen Bedingungen in die Hände der extremen Rechten fielen, die in zwei Weltkriegen endeten, in denen Europa von Leningrad im Osten bis Madrid im Westen in Flammen stand.

Die Bilder der Zerstörung und des Tötens sind in der kollektiven Vorstellung der Europäer immer noch präsent.

Heute, in einem etwas anderen Kontext, erleben wir in der Neuzeit den relativen Aufstieg rechtsextremer Bewegungen in einigen demokratischen Gesellschaften, und er erstreckt sich auf die moderne Welt in Amerika, Australien und Neuseeland

Populistische nationalistische Rhetorik und Träume von glorreichen Imperien dominieren wieder diese Bewegungen und ähneln in einigen ihrer Thesen ihren ursprünglichen Wurzeln, während in den USA natürlich die historische Tiefe fehlt und sich auf die Wiederherstellung eines „starken Amerikas" konzentriert.

Dafür gibt es einige Gründe, die sich vielleicht zusammenfassen lassen:

- **Rasche demografische und kulturelle Veränderungen durch Migration und Asyl:** Vor allem in Europa haben die großen Einwanderungswellen der letzten

Jahre zu Ängsten vor raschen demografischen Veränderungen geführt, was erklärt, warum sich manche Menschen bedroht fühlen, ihre Identität verlieren und Anschluss in extremistischen Gruppen suchen.

- **Technologie und soziale Medien:** Soziale Medien bieten einfache und zugängliche Plattformen für jedermann, um Meinungen darzustellen und Anhänger für jede Idee zu rekrutieren und sie zu verbreiten, auch für extremistische Ideen

- **Die Rolle der Medien bei der Verstärkung und Lenkung der öffentlichen Meinung:** Diese Rolle ist immer noch bedeutend, obwohl sie einen großen Teil ihres Publikums zugunsten der modernen Medien und der sozialen Medien verloren haben

- **Politische Ausbeutung:** Die politische Ausbeutung der Flüchtlingskrise durch einige rechtsextreme Stimmen ist vielleicht die gefährlichste, da die extreme Rechte die Rolle der Flüchtlinge als Bedrohung übertreibt, um mehr Stimmen zu gewinnen, und dabei ihre Sicherheit und den allgemeinen zivilen Frieden im Land ignoriert

- **Das schwindende Vertrauen in die traditionellen Institutionen:** Dies ist eine natürliche Folge des Aufstiegs einiger politischer Eliten, denen es nichts ausmacht, die Rechtsstaatlichkeit zu untergraben, um ihre politischen Ziele zu erreichen. Unterstützt von Finanzkonglomeraten und Lobbyisten

- **Wirtschaftliche und soziale Krisen:** Arbeitslosigkeit, Ungleichheit, der hohe Lebensstandard und die Inflation, die aus dem Versagen der Regierungen bei der Bewältigung der aufeinanderfolgenden Krisen resultieren, von Corona über den russisch-ukrainischen Krieg bis hin zur sukzessiven Eskalation des Konflikts im Nahen Osten und seinen Auswirkungen auf die Energieversorgung und den Welthandel, die immer mehr Flüchtlinge nach Europa drängen.

Dies führt zu Frustration und Wut bei einigen Gruppen und macht sie anfälliger für extremistische Rhetorik.

- **Internationale politische Ausbeutung:** Diese Länder, vor allem die USA, haben das Gefühl, dass ihr Einfluss mit dem Aufstieg neuer Konkurrenten schwindet, und sie führen ihrerseits die westliche Symphonie an, während ihren Verbündeten eine unabhängige politische Vision fehlt, die realistische lokale und internationale Lösungen und eine auf ihren nationalen Interessen basierende Politik bietet.

> ***** Wir dürfen nicht vergessen, dass ein großer Teil der Ursachen für die beiden Weltkriege und die Zerstörung Europas nicht der Aufstieg der extremen Rechten war, sondern der <u>Versuch der damaligen Traditionsmächte Großbritannien und Frankreich, den Aufstieg Deutschlands und sein Expansionsstreben</u> während der Kolonialzeit <u>zu bremsen</u>.**

Heute führen die **USA** die meisten dieser Konflikte in ihrem Bestreben an, ihre globale Hegemonie aufrechtzuerhalten und jegliches potenzielle Wachstum **Chinas** und **Russlands** und deren Wunsch nach einem größeren Platz auf der globalen politischen Landkarte einzuschränken. Unter dem internen wirtschaftlichen Druck der USA, der es rechtsextremen Stimmen ermöglicht, die öffentliche Meinung zu beeinflussen, und einem populistischen Führer, der einfache Lösungen „just one Phone Call" für komplexe Probleme verspricht, ermöglichte dies seinen Anhängern, mit Putschen und Aufständen aufzusteigen, die sich wiederum nach rechts in Europa bewegten.

Die Wirtschaftspolitik der USA steht im Widerspruch zu den Interessen ihrer Verbündeten. Während sie auf einen Krieg mit Russland drängen, bieten sie keine Lösungen an, um die Auswirkungen dieses Krieges auf ihre europäischen Verbündeten abzumildern, weder in Bezug auf Gas- und Öllieferungen noch durch eine gewisse Form der Zusammenarbeit bei der Politik der Zinserhöhung und -senkung, die diesen Verbündeten schadet.

> Der Aufstieg extremistischer Bewegungen in demokratischen Gesellschaften ist eine echte Herausforderung für diese Gesellschaften und ihre Zukunft, vor allem, weil sie noch nicht vergessen haben, welche Auswirkungen Autoritarismus, Faschismus und Nazismus zu Beginn des letzten Jahrhunderts auf sie hatten.

Sie stellt zwar eine vorübergehende Bedrohung für Flüchtlinge dar, von denen viele davon träumen, in ihre Länder zurückzukehren, wenn sich die politischen wirtschaftlichen und sicherheitspolitischen Bedingungen ändern.

Wir müssen immer erkennen, dass die Demokratie kein perfektes System ist. Sie ist ein menschliches Regierungssystem und daher anfällig für Unzulänglichkeiten und Fehler. Werden unsere arabischen Gesellschaften von den westlichen

Erfahrungen mit ihren Vor- und Nachteilen profitieren, sei es als Minderheiten in europäischen Ländern, die versuchen, einen Beitrag zur Gesellschaft zu leisten, ohne ihre kulturelle Identität aufzugeben, oder als aufstrebende Länder, die nach ihrem Weg suchen, sich aufzubauen, zu entwickeln und die Auswirkungen von Kriegen zu überwinden?

Das ist eine Frage, die von der nahen oder fernen Zukunft beantwortet werden wird und von Faktoren bestimmt wird, die über unsere einfachen Träume hinausgehen, aber wir sind dennoch ein integraler Bestandteil der Gleichung, der nicht ignoriert oder unterschätzt werden darf. Wirst du es zulassen, ein Treibstoff für eine politische oder ideologische Partei zu sein, oder wirst du versuchen, über deinen Platz auf der sozialen und politischen Landkarte und deine moralische und religiöse Verantwortung in deinem individuellen und öffentlichen Handeln oder bei der Förderung und Verteidigung einer Idee nachzudenken?

Wie viele Flüchtlinge fühle auch ich mich manchmal gefangen. Meine Familie und ich sind nicht mehr als eine Nummer in der Statistik, die in der Zahl der Ankommenden in einem Land auftaucht oder in der Zahl der Opfer auf der Straße verschwindet, oder vielleicht werden wir eines Tages zu den Zahlen der Abgeschobenen in andere Länder gehören, und doch haben wir keine andere Wahl, als unsere Erfahrungen im Leben zu machen, ungeachtet der Faktoren, die wir nicht ändern können, es gibt keinen wirklichen Unterschied, wir Millionen von Flüchtlingen und Opfern sind nur Details, die mit der Zeit verblassen und keinen Platz haben werden, wenn ein Historiker in zwei Zeilen über uns in der Entwicklung der Ereignisse in der Welt oder der Region spricht.

Im nächsten Kapitel verlassen wir Europa und seine Probleme und machen eine kurze Pause mit einer widersprüchlichen Mischung aus Lächeln und Schmerz, um uns auf den Nahen Osten mit seinen Konflikten und Widersprüchen vorzubereiten.

Verrückte Menschen aus meinem Land

Lustige und verrückte Menschen sind ein witziger literarischer Stoff und sie haben lustige Namen, die sie oft von ihrem Leben voller Freiheit und Emanzipation von Zwängen haben

In meiner Stadt Daraa waren zwei von ihnen die Stadt berühmt, „Halawa" und „Wachwach", und sie wurden manchmal von einigen Idioten schikaniert, aber sie bekamen immer Schutz vor den Menschen, ihr Essen und Trinken... und immer eine kostenlose Fahrt von Busbesitzern garantiert, die das richtige Ziel für sie kannten.

Ich habe ein persönliches Erlebnis mit „Halawa", als ich einen dieser Läden betrat und er alles stehen und liegen ließ, zu mir eilte, mein Hemd packte und mich eifrig fragte: Das war einer der glücklichsten Tage meines Lebens, und wann immer meine Frau mein Kleid kritisierte, erinnerte ich sie stolz daran, dass „Halawa" und ich einen gemeinsamen Geschmack haben!

Arabische Literatur ist voll von Geschichten über Verrückte und komische Leute. aber die Eitelkeit der Menschen schafft eine andere Art von ihnen:

„**Rafi**" war ein Gefangener Mann, der nach einiger Zeit nach seiner Verhaftung von der Politischen Sicherheit in unserer Stadt freigelassen wurde, und niemand wusste, woher er kam. Er pflegte in einen der leeren Keller in unserer Nachbarschaft zu kommen und die Rolle des Angeklagten und des Vernehmers zu spielen, um einmal wütend zu fragen und in einem scharfen Ton zu schreien, begleitet von obszönen Beleidigungen und sich selbst sehr heftig zu schlagen, um dann plötzlich und erschreckend in die Rolle des Angeklagten zu wechseln, um zu weinen und um Gnade zu betteln, und das war alles, was seine Sprach- und Sprechkenntnisse ausmachte.

Was „**Sardine**" betrifft, so ist sie eine Mutter aus dem Gazastreifen, die mit ansehen musste, wie ihr letztes Kind vor ihren Augen durch eine von den Besatzungssoldaten zurückgelassene explosive Sardinenbüchse zerissend getötet wurde. Sie wird von einer Frau betreut, die die Situation miterlebt hat, obwohl sie sie nicht kennt. Das Vokabular dieser Mutter beschränkt sich nun auf ein einziges Wort: „Sardine", und keine mehr Sprachfähigkeit.   Wenn du dich für diese Art von Verrückten interessierst, warte ab, bis der Krieg in Syrien und Palästina zu Ende ist und gehe dann auf die Straße.

Der Fall Palästina. Ein Meilenstein der Zeitgeschichte

Israel ist der Eckpfeiler für das Verständnis des Staatsdilemmas im Nahen Osten. Es ist eine existiert objektive Realität, die ist effektiv und stark auch, deshalb zentral ist.

Am 7. Oktober 2023 abends besuchte mich eine Gruppe syrischer Flüchtlingsfreunde und Nachbarn, um mich über den Tod meines Vaters hinwegzutrösten, und das Thema kam zur Sprache. Als ich gefragt wurde, was ich von den Geschehnissen halte und wir vereinbarten, dass wir die Aktionen der Hamas mit Vorsicht betrachten sollten.

Nicht, weil wir nicht an das Recht der Palästinenser glauben, ihre menschlichen, sozialen und politischen Rechte zu erlangen und ihr Recht, mit allen legitimen Mitteln zu kämpfen, sondern weil die Hamas Verbindungen zum Iran und zur Hisbollah hat und deshalb eine kalte Haltung zur syrischen Revolution einnahm und gezwungen war, sich im Krieg gegen das syrische Volk mit dem Iran und Bashar al-Assad zu verbünden.

- Dieses Bündnis mit dem Iran ist aufgrund der fehlenden internationalen und arabischen Unterstützung für die Rechte des palästinensischen Volkes verständlich, aber andererseits kann politischer Machiavellismus nicht akzeptiert werden, wenn der Preis die Rechte und das Blut eines anderen Volkes sind.

- Das Bündnis ist vielleicht dafür verständlich, aber andererseits ist politischer Machiavellismus inakzeptabel, wenn der Preis die Rechte und das Blut eines anderen Volkes sind.

- Das Versagen der Palästinenser durch Araber und Nachbarn hat aus Sicht derjenigen, die unter israelischer Besatzung leben, die seit Jahrzehnten die schlimmsten Formen von Folter, Unterdrückung und Ungerechtigkeit praktiziert, ein Bündnis mit dem Teufel legitim gemacht.

- Die Herrschaft der korrupten arabischen Regierungen, die intellektuell, kulturell und psychologisch von den USA und Israel besiegt werden.

- Die offene Abkehr der Palästinensischen Rechte von westlichen Ländern, die behaupten, demokratisch zu sein, diese Demokratie aber nur selektiv praktizieren.

- Die Schwäche der Völker, die zerrissen in Asylländern leben oder unter Bürgerkriegen leiden.

Das hat dazu geführt, dass die Hamas und andere palästinensische Gruppierungen dem Iran zum Opfer gefallen sind.

Kein vernünftiger, freier und ehrenhafter Mensch auf der Welt kann das Recht der Palästinenser leugnen, für ihre Rechte zu kämpfen und sich mit allen legitimen Mitteln zu verteidigen, die das humanitäre und internationale Recht garantiert.

Das entbindet keine Partei davon, sich vor dem Gesetz für Verbrechen an Gefangenen oder Zivilisten zu verantworten.

Sobald die palästinensische Frage auf gerechte Weise gelöst ist, gibt es keine Rechtfertigung mehr für die Präsenz der Hisbollah im Libanon, des syrischen Regimes oder der iranischen Milizen in Syrien und im Irak.

Eine gerechte Lösung wird dieser Achse die Illusion der Legitimität nehmen und ihr die Reste der Unterstützung durch die Bevölkerung entziehen, falls es sie überhaupt gibt, und den Bürgerinnen und Bürgern das Recht geben, sie und den Einfluss und die Kontrolle des Irans über die Ressourcen und Entscheidungen dieser Länder loszuwerden.

Diese Achse lebt davon, dass sie die Existenz der seit 1967 besetzten syrischen, libanesischen und palästinensischen Gebiete ausnutzt, zumindest aus Sicht des Völkerrechts und der Resolutionen der UN und des Sicherheitsrats.

Daher hat diese Achse nie versucht, Israel zu bekämpfen, sondern vielmehr darauf hingearbeitet, den Konflikt zu managen und davon zu profitieren, um ihren Einfluss in der Region zu stärken. Der Beobachter wird erkennen, dass der Krieg vom 7. Oktober für diese Achse ebenso peinlich und überraschend war wie für Israel und die arabischen und westlichen Länder.

Die Lösung des palästinensisch-israelischen Konflikts ist die goldene Karte, um dieser Achse ihre falsche Legitimation zu entziehen und ist auch eine moralische Verpflichtung, das Recht der Palästinenser auf Freiheit, Gerechtigkeit und Frieden zu unterstützen.

Wir werden versuchen, das Thema aus den folgenden Blickwinkeln zu diskutieren

- *Wollen Palästinenser und Araber die Israelis <u>wirklich</u> vertreiben und ins Meer werfen? Von welchen Lösungen träumen die Araber?*
- *Antisemitismus*
- *Der Iran-Israel-Konflikt*
- *Die internen Probleme Israels*
- *Der religiöse Aspekt des Konflikts*
- *Der internationale Aspekt des Konflikts und die US-Unterstützung für Israel*
- *Israels Recht auf Existenz*
- Deutschland und seine Rolle in der Region

Gehen wir kurz diese Punkte durch

Wollen Palästinenser und Araber die Israelis vertreiben und ins Meer werfen?

Die Idee, die Israelis ins Meer zu werfen, hört man heute politisch nur noch von der iranischen Achse, die die Themen, Gefühle und das Blut der Menschen in der Region manipuliert, um ihren Interessen und Ambitionen zu dienen, und auch aus der Ära von Gamal Abdel Nasser, dem umstrittenen „populistischen" Führer, dem Begründer der Ära der politischen Korruption und militärischen Kontrolle in Ägypten.

Er ist der Begründer des Stadiums der politischen Korruption und der militärischen Kontrolle in Ägypten und ihr Pate in Syrien und anderen Ländern. Er war in der Lage, in nur zwei Jahren während der Einheit zwischen Syrien und Ägypten die syrische Wirtschaft vollständig zu zerstören und den Weg für die Baath-Partei zu ebnen.

Er gilt auch als geistiger Vater des Militär- und Geheimdienststaates und der obersten Diktatoren und korrupten arabischen Politiker, und er selbst wird beschuldigt, die Juden Ägyptens zu schikanieren und sie zur Auswanderung aus Ägypten zu drängen.

Wenn wir uns die heutige Realität ansehen, fordern die meisten arabischen Politiker und Theoretiker eine Zweistaatenlösung in den Grenzen von 1967 und die Anwendung des Völkerrechts und streben auf dieser Grundlage eine Normalisierung mit Israel an. Auf dieser Grundlage haben sie das „Oslo"-Abkommen unterstützt, und das ist die offizielle Position der meisten arabischen Länder und der meisten palästinensischer Fraktionen, soweit ich weiß und was in der Öffentlichkeit veröffentlicht und verbreitet wird, aber das fehlerhafte Oslo-Abkommen ist völlig zusammengebrochen und hat letztendlich die humanitäre und politische Situation verschlimmert, die die Region in diesen Krieg führte.

Gleichzeitig versuchten einige arabische Länder, insbesondere nach den Ereignissen des Arabischen Frühlings und unter dem Druck der USA sowie dem Versprechen politischer oder militärischer Unterstützung, die Beziehungen zu Israel zu normalisieren und das palästinensische Volk seinem Schicksal unter israelischer Verwaltung zu überlassen.

Auf der Ebene der Bevölkerung: Die Mehrheit unterstützt die Entscheidungen des palästinensischen Volkes, ohne Lösungen anzubieten, obwohl die Auffassungen von Person zu Person unterschiedlich sind. Einige sehen eine Zweistaatenlösung in den Grenzen von 1967, andere bevorzugen eine **Einstaatenlösung**, die allen Angehörigen aller Ethnien und Religionen gleiche Rechte vor dem Gesetz garantiert und allen vertriebenen Palästinensern, die dies wünschen, das Recht auf Rückkehr zusichert.

Antisemitismus

Der Vorwurf des Antisemitismus war einst furchteinflößender als der Vorwurf des Terrorismus, und das liegt natürlich an der Grausamkeit der Verbrechen, die an den Juden in Europa im Allgemeinen und durch die deutschen Nazis im Besonderen begangen wurden und die die Menschheit schockierten, denn die jahrelange systematische Verfolgung einer bestimmten Sekte, die mit dem Holocaust endete, sowie eine Reihe von Massakern, die das menschliche Gewissen schockierten, machten diesen Vorwurf ausreichend, um die Zukunft eines jeden Politikers, Intellektuellen oder Akademikers zu zerstören, aber sein übermäßiger und subjektiver Gebrauch hat ihn völlig seines Inhalts entleert und ihn in letzter Zeit zu einem Grund für Spott gemacht.

Auf jeden Fall können wir diesen Vorwurf gegen Antisemiten verstehen, aber es wird schwierig, Araber dessen zu beschuldigen, denn wir Araber sind semitische Völker und haben genetisch mit den ursprünglichen Juden der Region bis zum Punkt der Übereinstimmung gemeinsam, sie sind ein Teil von uns, und sie waren in unserem Land keiner Verfolgung ausgesetzt, und unsere Vorfahren waren zum Teil Juden, dann konvertierte ein großer Teil von ihnen zum Christentum und später nahm der größte Teil den Islam an, und das Judentum ist ein authentischer Teil der Religionen der Region, wie können wir also dieses Vorwurfs beschuldigt werden?

Hassverbrechen sind dasselbe und können nicht voneinander getrennt werden. Menschen aufgrund ihrer Religion oder ethnischen Zugehörigkeit zu diskriminieren und zu verfolgen ist ein moralisches und humanitäres Verbrechen und muss gesetzlich kriminalisiert werden, während die Diskussion über die Ideen und die Politik von Einzelpersonen, Parteien und Ländern legitim ist, solange sie nicht zu Gewalt, Hass oder Gesetzesverstößen aufruft.

Was den Antizionismus als rassistische und ausgrenzende Idee angeht, so wird er von den meisten Menschen und den meisten gemäßigten Denkern in der Welt aller Religionen und Ethnien geteilt, sogar von Juden, von denen es viele gibt, darunter Noam Chomsky, Shaul Friedman, Norman Finkelstein und andere.

Der Iran-Israel-Konflikt

Der Iran kann nicht nur durch den Konflikt mit Israel betrachtet werden, denn er ist ein großes Land, das verschiedene Ethnien umfasst und eine einzigartige und komplexe Erfahrung hat, die es verdient, untersucht zu werden, nicht nur historisch und kulturell, sondern auch im Hinblick auf die Entwicklung seines politischen Systems, seine Ambitionen und seine Beziehungen zu den Ländern der Region und seine Zukunft.

Wir die Syrer haben unter dem systematischen Staatsterrorismus des Irans direkt und durch seine Unterstützung des Assad-Regimes sowie durch seine Waffen und die ihm treu ergebenen Milizen gelitten, seien es die alten im Libanon oder die, die eigens für den Einsatz in Syrien rekrutiert und gebildet wurden, aber das hindert uns nicht daran, ihn objektiv zu lesen und von unseren Erfahrungen mit ihm zu profitieren.

Das iranische Volk leidet unter der Politik dieses Staates und ist auf die eine oder andere Weise Repressionen ausgesetzt, und natürlich gehören dazu auch diejenigen, die sich mit den Bestrebungen dieses Regionalstaates und seinen politischen und religiösen Thesen identifizieren.

Natürlich können wir eine Regel nicht auf ein ganzes Volk verallgemeinern, und iranische Intellektuelle und Politiker können überhaupt nicht in denselben Korb gelegt werden.

Was das iranische Regime angeht, so wurde das Khomeini-Regime 1979 mit europäischem und französischem Segen - unter Vorbehalt - auf den Trümmern der Schah-Monarchie errichtet, die von der USA unterstützt wurde und gute und vornehme Beziehungen zu Israel unterhie t, so war es nur natürlich, dass eine der Parolen der Revolution gegen sie die Feindschaft gegen Israel und die USA war.

Das erklärt natürlich nicht die Beziehung zu Israel, denn sie hat andere religiöse, politische und wirtschaftliche Dimensionen, und die beiden Länder konkurrieren in jeder Hinsicht darum, ihren Einfluss in der Region auszuweiten.

Der Iran hat in der Region nicht weniger Ambitionen als Israel und versucht mit allen Mitteln, seinen Einfluss in den Nachbarländern unter dem Deckmantel des Sektierertums, der Religion oder unter dem komplexen Deckmantel der Unterstützung der palästinensischen Sache zu stärken.

Aus volkswirtschaftlicher und gesellschaftlicher Sicht stellen Israelis iranischer Herkunft ein bemerkenswertes Subjekt dar. Einige von ihnen haben prominente akademische, politische, technische und militärische Positionen in Israel erreicht und spielen z. B. eine wichtige Rolle bei der Iran-Contra-Operation

Im Allgemeinen beschränken wir uns auf einige wenige Beispiele für die Komplexität der iranischen Politik

- Erstens erhielt der Iran Waffen von Israel in dem berühmten Vorfall, der sich in der Ära von US-Präsident Reagan ereignete, als Israel während des Krieges mit dem Irak 1981-1985 Waffen an den Iran weitergab, was als Iran-Contra bekannt ist.

- Der zweite Punkt sind die Beziehungen des Irans zum schiitischen Aserbaidschan und der Konflikt mit Armenien: Der Iran unterstützte das

„christliche" Armenien gegen das „schiitische" Aserbaidschan, wobei er den religiösen und konfessionellen Aspekt außer Acht ließ und eine realistischere und zweckmäßigere Politik verfolgte.

- Der Iran hat Syrien auf eine in der Geschichte beispiellose Weise zerstört, die abscheulichsten Verbrechen gegen die Menschlichkeit begangen und das Land in einen Friedhof und in Trümmer verwandelt und arbeitet immer noch daran, das Land zu fesseln, um das auszubeuten, was jetzt und in Zukunft ausgebeutet werden kann.

Während Israel sich realistisch verhält, weil es sich einerseits der Konsequenzen seiner Rücksichtslosigkeit bewusst ist und andererseits, weil es von Israels Verbündeten profitieren will und den Konflikt als Druckmittel und potenziellen Austauschmechanismus in der Zukunft nutzt.

Ich glaube, dass der Iran seine Position gegenüber seinen Verbündeten und Israel gegen einen angemessenen politischen Preis aufgeben könnte. Angesichts der Komplexität und der Verflechtung der Politiken und Interessen in diesem unruhigen und unglücklichen Teil der Welt und der Größe und des Einflusses der beiden Länder, Iran und Israel, in diesem Teil der Welt, muss es aber sicherlich ein großer und schwerer Preis sein.

Und angesichts der Größe ihres Einflusses, der angesichts der unberechenbaren, rücksichtslosen und oft einseitigen Politik der USA in der Region gewachsen ist.

Natürlich ist dieser Preis im Westen nicht leicht zu akzeptieren, was den Konflikt für alle Möglichkeiten offen macht und auf dem Weg zu mehr Spannungen in der Region ist.

Wir dürfen aber nicht vergessen, wie viel der Iran in den Aufbau dieses Einflusses investiert hat, und jeder Preis, den er von den USA und Europa erhalten wird, wenn ihm das gelingt, wird sich um einen hohen Preis bemühen, der sicherlich nicht im Interesse der Völker der Region liegt.

Wir dürfen uns auch nicht naiv von seinen Parolen verführen lassen und müssen verstehen, dass jede Eskalation gegen Israel in erster Linie im Kontext der iranischen Interessen und der Politik seiner herrschenden Elite steht und dass die vom Iran unterstützten Bewegungen nur in diesem Rahmen unterstützt werden. Vielen mag diese Aussage nicht gefallen, aber in der gesamten bekannten politischen Literatur seiner Eliten steht der iranische Nationalismus an erster Stelle.

Natürlich hat der Westen gegenüber dem Iran und seiner Intervention in Syrien mit zweierlei Maß gemessen und keine Lösung oder Unterstützung angeboten, die zu einer Lösung geführt hätte, sondern eine Politik des Konfliktmanagements unter der Führung der USA betrieben, die letztlich den Einfluss des Irans gestärkt hat, wie wir bereits angedeutet haben.

Sehr wichtige auch die Rolle der anderen großen Länder, **China** und **Russland**, sei es aufgrund regionaler Ambitionen oder aus dem Wunsch heraus, die USA zu schwächen und die Konflikte in der Region als Druckmittel in anderen Fragen zu nutzen, wobei wir feststellen, dass die Politik dieser Länder eher pragmatisch und weniger ideologisch ist.

Das ist ein merkwürdiger Punkt, der weder mit der Vergangenheit der europäischen Länder und ihrer politischen Erfahrung in der Region noch damit übereinstimmt, dass sie in allen Bereichen fortschrittliche Länder sind, und das ist ein ernstes Indiz für einen tiefgreifenden Verfall des Niveaus der politischen Eliten im Westen, der es schwierig macht, die effektiven Antriebskräfte zu verstehen.

Es ist erwähnenswert, dass die Erörterung der Rolle Russlands in Syrien trotz seines bedeutenden und allgemein schädlichen Einflusses auf den Konflikt in Syrien zu keiner Bereicherung des Buches beiträgt und die Auslassung dieser Rolle - die nicht konstruktiv ist - auf die Entfernung vom Kontext und die Notwendigkeit großer Details zurückzuführen ist.

Der internationale Aspekt des Konflikts und die Unterstützung der USA und des Westens für Israel

Der Versuch, Israels Beziehung zu den westlichen Ländern als einen einzigen Block zu verstehen, ist eine intellektuelle Absurdität, denn jedes Land hat seine eigene Politik, und innerhalb desselben Landes gibt es unterschiedliche Strömungen und Ideen, obwohl die meisten von ihnen Israel absolut unterstützen

22

Natürlich hat die Politik der USA einen besonderen und großen Aspekt, und es ist unmöglich, sie in ein paar Zeilen oder Seiten zusammenzufassen, aber die Quellen, die helfen, sie zu verstehen, sind besser verfügbar als die, die die Positionen der europäischen Länder erörtern, und die USA spielen eine eindeutige und unbestreitbare Rolle bei der Beeinflussung der Positionen einiger ihrer Verbündeten in Europa.

Ein Beispiel für ein europäisches Land, das eine andere Meinung vertritt, ist **Irland**, und einer der Gründe dafür ist die jüngere Geschichte **Irlands** mit dem **Vereinigten Königreich**.

Der Konflikt zwischen ihnen dauerte bis 1998 und endete mit dem Karfreitagsabkommen, und die Terroristen von gestern aus der Sicht des britischen Rechts waren die Freiheitshelden von gestern aus der Sicht des irischen Volkes. Das mag einen Großteil der fortschrittlichen Haltung Irlands gegenüber der palästinensischen Sache erklären.

Was Israel selbst angeht, so ist es aus einem Blickwinkel ein fortschrittlicher US-Militärstützpunkt in der Region und spielt die Rolle eines großen Knüppels in der Hand, nachdem es in den Händen Großbritanniens war. Die Slogans, die seine Unterstützung rechtfertigen, sind für den lokalen Medienkonsum im Westen und für das Säen von Asche in den Augen der Welt.

Europäische und amerikanische Siedler in Israel sind Teil des sozialen Gefüges in ihren Ländern, bevor sie Israelis sind, und das hat einen kulturellen, sozialen und politischen Einfluss, ebenso wie die Interessen von Kapitalkonglomeraten, Rüstungsunternehmen und zionistischen Lobbys in der westlichen Welt.

Natürlich ist es nicht mehr angemessen, Israel als ein westliches Werkzeug zu betrachten, obwohl es kontinuierlich und organisch von der Unterstützung dieser Länder abhängig ist. Vielmehr handelt es sich um ein komplexes politisches Gebilde, das sich von einer Gruppe von Siedlerbanden über einen geförderten Staat zu einem Halbstaat und schließlich zu einem Apartheidstaat mit scharfen Identitätsspaltungen und komplexen internationalen Beziehungen inmitten zunehmender regionaler Konflikte entwickelt hat.

Israels interne Probleme

Die internen Probleme Israels begannen nicht mit dem Anschlag vom 7. Oktober 2023, sondern sie explodierten nach diesem Anschlag und erschienen in einer blutigen Karikatur in der schlimmsten schwarzen Komödie der modernen Geschichte.

Es ist erwähnenswert, dass ein Teil der israelischen Öffentlichkeit selbst von der harten Rechten vereinnahmt wird, weil Israel als politische und gesellschaftliche Struktur eine Militärdiktatur ist, in der die Meinungsfreiheit streng kontrolliert wird und Tabus verboten sind.

Die Probleme der Justiz, die Meinungsfreiheit, die Korruption der herrschenden Behörde, die Kontrolle der extremen Rechten und die Durchdringung der Geheimdienste machen es zu einem nahöstlichen Land par excellence. Diejenigen, die die israelischen Medien verfolgen, erkennen das Ausmaß und die Ernsthaftigkeit dieser Probleme und dass Israel, so wie es im letzten halben Jahrhundert war, bereits begonnen hat, sich aufzulösen und zusammenzubrechen.

Ich spreche nicht davon, Moderaten wie Gideon Levy zu folgen, aber jedes israelische Medienorgan reicht aus, um das Ausmaß der menschlichen und moralischen Tragödie und der internen sozialen Probleme in Israel zu erkennen.

Wenn das, was veröffentlicht wird, auch die härtesten Herzen bewegt, reicht es aus, den israelischen Medien zu folgen, um die geistige Gesundheit eines jeden Menschen zu zerstören, weil Brutalität ignoriert, gerechtfertigt und angestachelt wird

Israel als Siedlerkolonialstaat unterscheidet sich von anderen Staaten in der Geschichte durch eine übertriebene Berufung auf den religiösen Aspekt, anders als bei der Entstehung und Gründung der USA, Kanadas, Australiens, Neuseelands und Südafrikas.

In Nordamerika zum Beispiel wurden mit Beginn der Migration biblische Geschichten im Krieg gegen die indigene Bevölkerung beschworen, Geschichten wie „Amalek" und das Gelobte Land wurden schrecklich missbraucht und missbraucht und brachten die indigene Bevölkerung an den Rand der Ausrottung, aber sie verschwanden, wenn auch zu spät.

Generell haben diese Länder gemeinsam, dass sie die Schwelle zum Übergang in den modernen Staat erst dann überschreiten konnten, als sie unter blutigen Konflikten zwischen den Siedlern selbst, die in den USA in einem Bürgerkrieg endeten, und davor zwischen Siedlern und indigenen Völkern litten, jedes Land in seinem eigenen historischen Kontext.

Diese Konflikte endeten erst mit der Gewährung der Staatsbürgerrechte für alle Einwohner.

Heute ist die israelische Gesellschaft stark in verschiedene Strömungen gespalten und die gemäßigte Stimme ist nicht oder kaum wahrnehmbar, so dass diese „israelische" Gesellschaft die Menschlichkeit der Palästinenser ignoriert, <u>unabhängig von der Legitimität ihrer Forderungen</u>.

Gemeinsamkeiten zwischen Israel und den Siedlerkolonialstaaten:

- Angefangen hat es als Kolonie unter der Herrschaft Großbritanniens oder Frankreichs. Mit dem wesentlichen Unterschied, dass Großbritannien vor allem einen unabhängigen jüdischen Staat unter seiner Schirmherrschaft schaffen wollte und nicht vorhatte, dort für immer zu bleiben, wie in den anderen Kolonien

- Brutalität im Kampf gegen die einheimische Bevölkerung und der Versuch, sie auszurotten: Dies ist eine typische Praxis aller erwähnten Siedlerkolonien und wurde auch von den Maori auf dem australischen Kontinent und den indigenen Völkern in Amerika erlebt

- Die Konflikte der Siedler mit dem kolonisierenden Mutterland endeten in einer schrittweisen Unabhängigkeit, wie im Falle Israels, dessen Anführer von der britischen Regierung in Palästina als Terroristen registriert wurden.

- Expansionistische Kolonialpolitik auf Kosten der indigenen Bevölkerung, und wer die Szene verfolgt, kann dies seit dem Osloer Abkommen erkennen, während Beispiele aus anderen Ländern historisch weit entfernt zu sein scheinen und eine lange Erklärung benötigen.

- Interne Konflikte zwischen den Siedlern selbst unterschiedlicher Größenordnung, deren schwerster der amerikanische Bürgerkrieg war. Dieses Stadium hat Israel noch nicht erreicht, aber mit der massiven Verteilung von

Waffen unter den Siedlern und der großen politischen Kluft zwischen den israelischen Amtsträgern werden wir bereits Zeuge seiner Vorboten.

- **Versuchter kultureller Völkermord:** Er ist ein gemeinsames Merkmal all dieser Länder, und in Israel hat er einen widersprüchlichen Charakter, der geklärt werden muss

Die jüdisch-religiöse Identität der jüdischen Siedler aus Europa und Amerika und die westlich-christliche Identität, die sie unterstützt, sind zwei arabische Identitäten, die am Anfang innerhalb der arabischen Gesellschaft entstanden sind und sich entwickelt haben.

Deshalb versucht die israelische Regierung, einige kulturelle Aspekte zu stehlen, um eine israelische kulturelle Identität für eine ethnisch, kulturell und sprachlich ungleiche Bevölkerungsgruppe zu schaffen.

Die kulturelle und menschliche Tiefe der Palästinenser macht es unmöglich, die palästinensische kulturelle Identität zu vernichten, da sie keine eigenständige Identität ist, die vernichtet und versteckt werden kann, sondern Teil einer der größten kulturellen Identitäten der Welt ist, sodass der israelisch-palästinensische Kulturkrieg als vorbestimmt angesehen werden kann.

- **<u>Die südafrikanische Erfahrung:</u>** Unter den früheren Erfahrungen mit dem Siedlerkolonialismus kommt sie dem israelischen Fall am nächsten, was das Ergebnis angeht, das der Staat Israel heute erreicht hat, mit grundlegenden Unterschieden, von denen die meisten mit folgenden Faktoren zu tun haben

- Die menschliche Tiefe der einheimischen „palästinensischen" Bevölkerung.
- Die zentrale Rolle der Region in der globalen Geopolitik.
- Die Komplexität der israelisch-westlichen Beziehungen.
- Die regionalen Konflikte in der Region.

Und du siehst aber noch die ungesunde Spaltung der Gesellschaft, um zu bestimmen, wer ein echter Israeli ist, und die Unterscheidung zwischen Juden nach ethnischen Gesichtspunkten, ist eine der Ursachen für die sozialen Spannungen, das sieht man in den USA auch.

Es ist jedoch am besten, die israelischen Medien zu verfolgen, um zu erkennen, welchen Tiefpunkt das Land erreicht hat und wie notwendig ein echtes und wirksames internationales Eingreifen ist, wenn nicht, um die Palästinenser zu retten, dann um Israel vor sich selbst zu retten.

Um ihm dabei zu helfen, die Schwelle zu einem ausgeglichenen Staat auf friedliche Weise zu überschreiten und von den bisherigen Erfahrungen zu profitieren, wird sich dies auf den allgemeinen Frieden in der Region und vielleicht in der Welt auswirken und dazu beitragen, einige der internen Probleme Europas zu lösen, nicht zuletzt die Frage der Flüchtlinge.

Der religiöse Aspekt des Konflikts

Das Vorhandensein von Heiligtümern im Land des Konflikts macht diesen noch komplizierter, vor allem wenn diese Heiligtümer die Größe der Al-Aqsa-Moschee und der Grabeskirche haben. Den gesamten Konflikt von einem lokalpolitischen in einen religiösen zu verwandeln, ist jedoch eine Form der Flucht vor der Lösung, indem man sich die Polarisierung zunutze macht, die sich aus der Komplexität der Religion ergibt.

Die Diskussion über die Rolle von Religion und Heiligtümern in jedem Konflikt ist ein komplexes Thema, das nicht beigelegt werden kann, <u>da die Menschen Kompromisse eingehen</u> und logische Lösungen akzeptieren, wenn sie im Rahmen von Recht und Interesse diskutiert werden, aber in Fanatismus und Festhalten an ihren Ansichten verfallen, wenn der Konflikt religiös wird, und <u>jedes Zugeständnis oder jeden Kompromiss in Fragen der Religion, des Glaubens und der Überzeugung ablehnen</u>.

Politiker und Menschen im Allgemeinen, die an die Gründung des Staates Israel auf theologischer Grundlage glauben, um das Erscheinen des jüdischen Messias vorzubereiten, oder die die Wiederkehr des Messias erwarten, wie einige Muslime und einige Christen, z. B. die evangelikale christliche Bewegung, sind Menschen, die als „naiv und unreif" bezeichnet werden können. Der palästinensisch-israelische Konflikt ist ein Konflikt um Rechte und Staatsbürgerschaft.

Der palästinensisch-israelische Konflikt ist in erster Linie ein Konflikt über Rechte, Staatsbürgerschaft, Gerechtigkeit, Gleichheit und die Anwendung des Gesetzes und hat soziale und religiöse Aspekte

Der Schutz der religiösen Heiligtümer aller Sekten ist eine Pflicht und eine Priorität bei jeder möglichen Lösung, um die Spannungen zu verringern und die Gefühle der Gläubigen aller Religionen zu berücksichtigen.

In diesem Zusammenhang ist auf westlicher Seite erwähnenswert, dass das Christentum für viele politische Eliten zu einer komplexen Ideologie geworden ist, die nichts direkt mit Religion zu tun hat, sondern eher eine Ideologie einer Gruppe von Elementen ist und nur einen christlich-religiösen Namen trägt.

Ich gebe dir ein Beispiel aus dem Ost-West-Konflikt in Europa, wo diese zusammengesetzte Ideologie europäische und amerikanische Politiker daran hinderte, Russland und die Überreste der zusammengebrochenen Sowjetunion innerhalb der Europäischen Union einzudämmen

Die Europäer hatten ganze zehn Jahre Zeit, in denen sich Russland in einem Zustand der Unordnung befand und sich nach Westen bewegen wollte, und sie scheiterten an diesen westlichen Mächten mit der oben erwähnten zusammengesetzten Ideologie.

Heute machen diese Länder, angeführt von diesen Eliten mit einer komplexen kolonialistischen Ideologie, weitere Fehler im Nahen Osten, und leider sehen wir keine Entwicklung der europäischen politischen Ideologie gegenüber dieser Region, vor allem nicht angesichts der enormen Veränderungen und des großen Wandels in der globalen Arena.

Israels Recht auf Existenz:

Dieses Thema ist sehr wichtig und die folgenden Standpunkte spiegeln die Meinung eines großen Teils der Flüchtlingsgemeinschaften und der arabischen Völker wider

Warum wird nicht die Frage nach dem Existenzrecht Taiwans, der Ukraine oder des Südsudans gestellt, und was ist mit dem Existenzrecht der Palästinenser?

Wir müssen an das Recht jedes Menschen auf Leben und Existenz glauben, egal ob Araber oder Pole, Muslim, Jude oder Christ, religiös oder atheistisch. Wie du diesen Staat nennen willst, **Israel**, **Palästina**, **Gilead**, das **Himmelreich** oder das Land **Wak Wak**, macht keinen Unterschied, das sind keine heiligen Namen, und Länder ändern ihre Grenzen und ändern ihre Namen.

Was zählt, ist, dass jeder vor dem Gesetz die gleichen Rechte und Pflichten hat, und wir Syrer, die wir in der kurzen Zeit und den seltenen Tagen der Demokratie die Möglichkeit hatten, zu wählen, fanden es nicht peinlich, den christlichen **„Fares Bey al-Khoury"** und davor den drusischen **„Sultan Pascha al-Atrasch"** an die Spitze Syriens zu wählen, weil sie ihre Kompetenzen und nicht ihre Religionen und Sekten berücksichtigten.

Was das Recht auf ein nationales Heimatland für Juden angeht, so ist dies eine gefährliche rassistische Idee, die Juden vor anderen bedroht. Warum sollten also nicht alle Länder für alle ihre Bürger sicher sein, ob Juden, Muslime, Christen oder Atheisten?

Ist dies eine versteckte Drohung von Antisemiten in Europa und den USA an Juden, wenn sie versuchen, außerhalb ihres eigenen sicheren nationalen Heimatlandes zu leben? Ist dies ein Vorspiel für die Ausweisung derjenigen, die in diesem Land bleiben? Das ist eine Frage, die angesichts der blutigen und unglücklichen Geschichte der Juden in diesen Ländern und der Morde, Diskriminierungen und Verfolgungen, die sie erlitten haben, sorgfältig bedacht werden muss.

Bedeutet dies auch!, dass ein Jude, der seine Religion wechselt, innerhalb des Staates einen niedrigeren sozialen Rang einnimmt? Wird er ausgewiesen oder wie ein Mensch zweiter und dritter Klasse behandelt, wie es bei Muslimen und Christen der Fall ist?

Vom rechtlichen Standpunkt aus betrachtet: Die Gründung von Staaten auf der Grundlage von Religion oder ethnischer Zugehörigkeit ist zwar nicht ausdrücklich gesetzlich verboten, aber sie verstößt in mindestens fünf Artikeln gegen die Allgemeine Erklärung der Menschenrechte:

(2) Verbot der Diskriminierung aufgrund der Ethnie, der Hautfarbe, des Geschlechts, der Sprache, der Religion, der politischen Meinung, der nationalen oder sozialen Herkunft, des Vermögens, der Geburt oder des sonstigen Status

(21) Jeder Mensch hat das Recht, an der Gestaltung der öffentlichen Angelegenheiten seines Landes entweder direkt oder durch frei gewählte Vertreter teilzunehmen.

Es ist klar, dass sich diese Grundsätze nicht mit einem religiösen oder ethnischen Staat vereinbaren lassen. Wie beurteilst du persönlich, liebe Leserin, lieber Leser, Länder, die ihrer Bevölkerung eine konfessionelle Identität aufzwingen, wie zum Beispiel der Iran, Saudi-Arabien, Indien und Myanmar, und wie bewertest du deren soziale und politische Auswirkungen und wie siehst du die Zukunft dieser Länder?

Die Errichtung eines Staates auf religiöser und ethnischer Grundlage widerspricht dem Wesen und dem Geist der allgemeinen Grundsätze des Völkerrechts und des humanitären Rechts und bedroht die übrigen Bestandteile der verschiedenen Ethnien und Sekten und kann ganz oder teilweise dazu führen, dass ihnen ihre menschlichen, politischen, sozialen und religiösen Rechte vorenthalten werden, und trägt nicht zur Festigung der Werte der Toleranz, des Friedens und des Zusammenlebens bei, sondern fördert vielmehr die Fortsetzung ethnischer und sektiererischer Konflikte. In Europa haben die Menschen die Kriege im Kosovo und in Serbien und ihre tragischen Folgen noch nicht vergessen, nur weil man versucht hat, eine religiöse Identität durchzusetzen.

Abschließend sei gesagt, dass wir an den Bürger- und Rechtsstaat glauben müssen, egal ob er **Israel** oder **Palästina** heißt, und an sein Existenzrecht für alle seine Bürgerinnen und Bürger unterschiedlicher Ethnien, Religionen und Sekten ohne Diskriminierung.

Deutschland und seine Rolle in der Region

Jeder ist sich der enormen moralischen Verantwortung bewusst, die die deutsche Politik und Gesellschaft gegenüber den Juden empfindet, und jeder schätzt dieses Verantwortungsgefühl, aber das gibt ihnen nicht das Recht, die israelischen Verbrechen zu ignorieren; im Gegenteil, es sollte sie dazu drängen, sich gegen die Verbrechen des Rassismus überall zu stellen.

Die Deutschen von heute sind nicht ihre Eltern, die diese Gräueltaten begangen haben, sondern sie stehen heute selbst vor den aktuellen Problemen in der Welt, und ihre Haltung dazu wird bestimmen, wie ernst es ihnen ist, ihre Vergangenheit loszuwerden, dafür zu büßen und Verbrechen, Terrorismus und Rassismus zu bekämpfen.

Natürlich ist die Position des deutschen Volkes humanitär und moralisch, während wir hier über die offizielle politische Position sprechen.

Wenn mein Vater ein Mörder und Verbrecher war, heißt das nicht, dass ich den Kindern seiner Opfer unter dem Vorwand meiner moralischen Pflicht, die Verbrechen meines Vaters zu entschädigen, helfen sollte, neue Verbrechen zu begehen. Niemand auf der Welt kann mich für die Verbrechen meines Vaters beschämen, aber ich wäre mit Sicherheit für die Gräueltaten verantwortlich, die ich selbst begangen oder zu denen ich beigetragen habe, selbst wenn ich der Sohn von Nelson Mandela, Gandhi, dem Propheten Mohammed oder der Sohn von Jesus Christus selbst wäre.

Dies ist eine banale, aber notwendige Einleitung

Verteidigung, Politik und Wirtschaft:

Deutschland steht als Nation an einem entscheidenden Scheideweg, und als wichtiger Akteur auf der Weltbühne hat es die Verantwortung, unabhängig und integer zu handeln und den Werten treu zu bleiben, die die Grundlage des modernen deutschen Staates bilden.

Als wichtiger Akteur auf der Weltbühne hat Deutschland die Verantwortung, unabhängig und unparteiisch zu handeln und den Werten treu zu bleiben, die die Grundlage des modernen deutschen Staates bildeten. Das bedeutet nicht, die Interessen der NATO und der USA und Israels zu ignorieren, wenn es um den Nahen Osten und globale Fragen im Allgemeinen geht, die auf

Gerechtigkeit und gegenseitigem Respekt für die Werte, Kulturen und Interessen verschiedener Völker beruhen.

Das bedeutet nicht, die Interessen der Alliierten zu ignorieren oder die Vereinbarungen zu verleugnen, aber sie müssen von einem Standpunkt aus bewertet werden, der die Art und den Umfang der Rolle widerspiegelt, die Deutschland jetzt und in Zukunft spielen will, indem es einen eigenen Ansatz außerhalb des Rahmens der kolonialistischen Ideologie verfolgt, die von den USA und den siegreichen europäischen Ländern im Zweiten Weltkrieg gezeichnet wurde.

Fakten über Deutschland:

- Es ist die größte europäische Volkswirtschaft mit einem BIP von fast 4 Billionen.
- Die viertgrößte Volkswirtschaft der Welt
- Eines der wichtigsten Industrieländer mit einer beeindruckenden Anzahl von großen Unternehmen und Marken
- Ein wichtiger Finanzplatz, der zu den zehn größten der Welt gehört
- Eine fortschrittliche wissenschaftliche Position mit einer großen Anzahl von wichtigen und angesehenen Universitäten
- Eine Spitzenposition in globalen Rankings für wissenschaftliche Forschung und Innovation

Auf der anderen Seite:

- Die Größe des deutschen Militärs ist im Vergleich zu anderen Ländern relativ gering.
- Verfassungsrechtliche Beschränkungen für das Militär.
- Mangel an bestimmten Ausrüstungen, Schulungen und Personal

Das macht es zu einem „wirtschaftlichen Riesen und militärischen Zwerg" und zu einer Geisel der NATO und ihrer Schwankungen und der Turbulenzen der US-Politik, in die die Menschen weniger Vertrauen als Verbündete haben, zumal es weit von Konfliktzonen und Konflikten entfernt ist und keine menschlichen Kosten oder eine direkte Bedrohung seiner Infrastruktur wie im Falle von Konfrontationsländern zu tragen hat.

Zusätzlich zu den zunehmenden Äußerungen der USA, dass einige ihrer Politiker ihre finanzielle Beteiligung an der Entwicklung und den Ausgaben der NATO reduzieren wollen.

Das Bündnis selbst leidet unter Spaltungen, die aus einem scharfen Interessenkonflikt z.B. zwischen der Türkei und der US-Politik in der Region resultieren, und es sind keine Lösungen in Sicht, die mit der Struktur des Bündnisses, seinen Zielen und der Politik Amerikas, dem effektivsten Land im Bündnis, vereinbar sind.

Der europäischen Seite fehlt eine unabhängige und ernsthafte Vorstellung von alternativen Verteidigungsplänen, zumindest nicht in der Öffentlichkeit oder in naher Zukunft. Noch wichtiger ist, dass es ihr an einer Stimme fehlt, um Kriege zu entschärfen und die Verteidigungsdoktrin und das Feindbild weiterzuentwickeln, und dass sie nicht in der Lage ist, eine klare Vision für die Zukunft Europas zu präsentieren, da die Union selbst beginnt, inkohärent zu wirken.

Vielleicht wäre es vor Jahren besser gewesen, eine Osterweiterung der EU zu planen und daran zu arbeiten, anstatt auf der Erweiterung des Militärbündnisses zu bestehen.

Ambitionen und politische Herausforderungen:

Aus Gründen, die die Deutschen am besten verstehen, hat sich der moderne deutsche Staat als globale Friedensmacht vermarktet, indem er sich erfolgreich von seiner Zwei-Kriegs-Vergangenheit getrennt, freiwillig auf seine nuklearen Fähigkeiten verzichtet und die Rüstungsindustrie und die Entwicklung der Armee vernachlässigt hat.

Er hat bereits große und interessante Ergebnisse und Erfolge erzielt, die Auswirkungen von Teilung und Zerstörung beseitigt und konnte sich in der Welt als effektive und einflussreiche Macht durchsetzen.

Sie hat sich für die Unterstützung von Friedens- und Entwicklungsprojekten in verschiedenen Regionen der Dritten Welt eingesetzt und ist einer der wichtigsten Geber für das Hilfswerk der Vereinten Nationen für Palästinaflüchtlinge im Nahen Osten (UNRWA).

In unserer arabischen Welt wird Deutschlands Name mit Präzision, Perfektion, Disziplin, Fleiß und Respekt vor dem Gesetz in Verbindung gebracht, und das hat dazu geführt, dass unsere Region Deutschland als zuverlässigen Vermittler zwischen dem Libanon und Israel ansah, bis ein deutscher Politiker einmal sagte: „Wir können die Waffen zum Schweigen bringen" (ich weiß nicht mehr genau, wer das gesagt hat), und das liegt natürlich an der deutschen Herangehensweise, die auf Soft Power und der Unterstützung des Friedens in der Welt beruht.

Angesichts des russischen Krieges gegen die Ukraine und dann des Krieges in Gaza stand Deutschland vor neuen und schwierigen Herausforderungen.

In Bezug auf den palästinensisch-israelischen Konflikt begannen wir, Erklärungen und absolute Unterstützung für Israel zu hören, und die Gesetze vor Ort bezogen sich auf die Bedingungen der deutschen Staatsbürgerschaft in Bezug auf Israel.

Deutschland hat seinerseits den USA geholfen, internationale Rechtsinstitutionen zu untergraben und zu schwächen, indem es die US-Position zu Israel übernommen und manchmal sogar gefördert hat.

All diese Faktoren erschweren es zukünftigen Regierungen in Deutschland, ihre Ziele und Ambitionen zu erreichen, eine größere Rolle auf der Weltbühne und in internationalen Institutionen zu spielen, als eine Stimme des Friedens, die an Recht und humanitäre Werte glaubt.

Dies könnte Deutschland der Isolation und dem Boykott aus dem Globalen Süden aussetzen, den Einfluss schwächen, den es in den letzten fünfzig Jahren aufgebaut hat, und seine Produkte dem teilweisen oder vollständigen Boykott in diesen Ländern aussetzen, von denen einige bereits boykottiert werden.

Deutschland und seine Politiker/innen werden juristisch zur Rechenschaft gezogen, wenn internationale Gerichte Entscheidungen zugunsten der palästinensischen Rechte treffen, natürlich nur, wenn diese Institutionen bis zum Ende des Konflikts bestehen bleiben, und vielleicht auch von deutschen politischen Aktivist/innen selbst vor Ort juristisch verfolgt werden.

Der Prozentsatz der Länder, die Deutschland als positive Kraft in der Welt ansehen, ist laut dem Pew Research Centre von 78% im Jahr 2010 auf 60% im Jahr 2022 gesunken.

Am Rande des Geschehens: Die Realität der westlichen politischen Eliten

Ich kann vielleicht das Gefühl der Unzulänglichkeit in vielen unserer unterentwickelten arabischen politischen Eliten verstehen, aber in einem der fortschrittlichsten Länder wie Deutschland verstehe ich das nicht.

So wurde der deutsche Bundeskanzler einmal von einem jungen Mädchen nach seinem persönlichen Verhalten gefragt, nachdem die Regierung die Menschen aufgefordert hatte, den Wasserverbrauch zu rationalisieren, Sie fragte ihn, wie er sich persönlich verhalte und wie oft in der Woche er bade? Er antwortete ihr sofort „jeden Tag". Ein Präsident, der gegen die Richtlinien seiner Regierung handelt und erklärt, dies sei etwas Erstaunliches, und sich für Heuchelei statt für Mäßigung und Weisheit entscheidet, hat er es nötig, sich vor Kindern und Jugendlichen zu beweisen, oder will er ihnen beibringen, die Anweisungen des Staates zu ignorieren, hatte er die Wahl, auf eine ausgewogenere Weise zu antworten. Oder hatte er die Möglichkeit, auf eine ausgewogenere Weise zu antworten? Das ist aber ganz egal.

Wenn wir die Beispiele ausweiten würden, bräuchten wir ein großes Wörterbuch mit seltsamen und lustigen Aussagen von Politikern auf der ganzen Welt, viele davon in entwickelten Ländern.

Wenn das Sitzen in den höchsten politischen Ämtern nicht ausreicht, um den inneren Mangel in einer Person zu beheben, wie groß ist dann das Gefühl der Unzulänglichkeit und des mangelnden Selbstbewusstseins und wie wird sich das auf seine politische Leistung auswirken?

Wenn du dir die Größe Deutschlands ansiehst, bist du auch von einigen Politikern und ihren Ideen darin überrascht. Was ist zum Beispiel der Unterschied zwischen der Diskussion über das Verbot einer gängigen geometrischen Form „des Dreiecks", vom Prozess gegen einen Hahn im mittelalterlichen Italien oder dem Prozess gegen eine Stoffpuppe in Ägypten in der Neuzeit?

Und wenn du dir die Welt heute unter den herrschenden politischen Eliten in den zentralen Ländern ansiehst, erlebt diese große Welt ihre schlimmsten Tage, und das Ausmaß der Kriege, Hungersnöte und Konflikte ist heute größer als zu Beginn des zwanzigsten Jahrhunderts und führte zu den beiden Weltkriegen unter der Führung der gleichen Länder.

Es ist ihr sogar nicht gelungen, ein ausgewogenes Verhältnis zu Russland zu finden und es nach dem Zusammenbruch der Sowjetunion zu absorbieren, und jetzt ist sie zögerlich, was ihre Rolle gegenüber China angeht.

Das Vertrauen in die Institutionen des Völkerrechts und der Vereinten Nationen ist auf dem niedrigsten Stand, denn sie hat keine wirkliche Unabhängigkeit für Afrika erreicht, keinen Frieden im Nahen Osten gebracht, die Ukraine nicht davor bewahrt, Opfer eines blutigen Krieges zu werden, und auch keine realistischen Lösungen dafür angeboten, sondern sie stattdessen in einen blutigen und kräftezehrenden Zermürbungskrieg gestürzt, der sich auszuweiten droht und die Öffentlichkeit in Europa in Aufruhr versetzt.

Im Nahen Osten wächst in der Bevölkerung das Gefühl, dass diese internationalen Institutionen versagt haben und dass sie nichts weiter sind als Werkzeuge, die von den siegreichen Ländern benutzt werden, um den jeweiligen globalen Konflikt auf eine Weise zu beenden, die ihre Macht stärkt.

Ich muss an dieser Stelle betonen, dass ich Deutschland wirklich alles Gute wünsche und dass sich Deutschlands Rolle in der Welt und insbesondere in der arabischen Region weiterentwickeln wird, nicht nur, weil ich in Deutschland lebe und mir eine soziale, wirtschaftliche und politische Verbesserung in Deutschland wünsche.

Sondern weil die Region in einem politischen Vakuum lebt und ernsthafte Friedenskräfte braucht, die sich den Völkern und Ländern auf der Grundlage einer Zusammenarbeit nähern, die einen Ausgleich zwischen ihren Interessen und den Interessen dieser Völker in einem Rahmen der Gerechtigkeit und des gegenseitigen Respekts erreicht, und nicht auf einer kolonialistischen Basis, wie es bei den heute in dieser Region aktiven Ländern der Fall ist.

Deutschland hat keine koloniale Vergangenheit im Nahen Osten, aber leider scheinen einige politische Eliten in Deutschland zu glauben, dass es noch nicht zu spät ist, Feindseligkeiten mit den Ländern und Völkern dieser Region zu schaffen!.

Die Lösung von Konflikten im Nahen Osten und die Unterstützung von Entwicklung und zivilem Frieden in der Region ist ein effektiver Weg, um viele der internen politischen und wirtschaftlichen Probleme Europas zu lösen

Deshalb war es vielleicht besser, dieses Kapitel „Das Fehlen einer effektiven und positiven deutschen Rolle" zu nennen, und zwar nicht nur in den Fragen der Länder, aus denen die Flüchtlinge kommen, was für Deutschland von Interesse sein sollte, da es eine große Anzahl von ihnen beherbergt und sie Teil des innenpolitischen Dialogs in Deutschland sind, sondern auch, weil es als unabhängige Stimme in der Weltpolitik völlig abwesend ist und dies seinen Zielen und Ambitionen widerspricht, was es dazu zwingen wird, diese Ambitionen und den Weg zu ihrer Verwirklichung zu überdenken.

Fazit zur palästinensischen Frage

Dieser kurze Überblick über die palästinensische Frage, der einen großen Teil dieses kleinen Buches einnimmt, hat dir vielleicht eine Vorstellung von der Größe dieser Frage im Nahen Osten vermittelt und erklärt, warum die Araber sich mehr damit beschäftigen als mit ihren internen Problemen, zumindest auf der Ebene der Bevölkerung.

Nicht nur wegen des großen humanitären Aspekts der Tragödie und auch nicht wegen der sozialen, religiösen und kulturellen Bindungen mit dem palästinensischen Volk in all seinen Bestandteilen und all seinen Sekten und Religionen, sondern auch wegen des großen Einflusses dieses Themas auf die Struktur und die Politik dieser Länder und ihre lebendige, psychologische und moralische Realität durch die Aufnahme von Palästinensern, die davon träumen, in ihr Land zurückzukehren, und ich sage nicht Flüchtlinge, sie sind Teil dieser großen Gemeinschaft, sondern durch die politische Ausbeutung der Länder der Region für dieses Thema und seine Nutzung durch autoritäre Regime sowie die USA und die westliche Nutzung im Allgemeinen und die israelische Expansionspolitik in der Region, die sie nicht verbergen, da sie nicht verborgen sind.

Dieses Thema ist zu einem sprichwörtlichen Beispiel für einen komplexen und endlosen Konflikt geworden, den die Menschen in ihrem Alltag nutzen, um ihre Hilflosigkeit vor einigen Themen auszudrücken und sie vor dem „Nahost-Thema" lächerlich zu machen, und die Wahrheit ist, dass seine Auswirkungen darüber hinaus auch die Länder Europas direkt betreffen.

Der Krieg gegen Gaza wird nicht diskutiert, weil er live im Internet übertragen wird und es macht keinen Sinn, ein Buch zu benutzen, das man vielleicht erst Jahre später liest, wenn sich dieses Massaker in die lange Geschichte der Übergriffe gegen Palästinenser einreiht.

Doppelte Standards

Die Doppelmoral, die wir in mehreren früheren Beiträgen erörtert haben, ist eines der Hauptanliegen von Flüchtlingen. Die Diskriminierung zwischen Völkern und Ländern aufgrund von ethnischer Zugehörigkeit oder Religion erzeugt bei Minderheiten und Menschen im Globalen Süden ein tiefes Gefühl der Ungerechtigkeit.

Dieses Gefühl führt dazu, dass sie Ländern, die vielleicht weniger demokratisch sind, vertrauen und mit ihnen sympathisieren, selbst wenn sie anderswo Übertretungen begehen, solange sie ihre lokalen Anliegen unterstützen, ob gerecht oder nicht, solange sie ihren Interessen dienen.

Länder wie Russland und China zeigen ein subtileres und ausgewogeneres Verhalten als viele westliche Führer.

Diese Sympathie kann sich sogar auf einen theokratischen Staat wie den Iran erstrecken. Dafür gibt es zahlreiche Beispiele, angefangen bei der Houthi-Gruppe im Jemen bis hin zur Hisbollah im Libanon oder der Hamas in Palästina, unabhängig von deiner persönlichen Meinung zu den einzelnen Themen und Gruppen.

Auch wenn diese Verallgemeinerungen oberflächlich erscheinen und die tiefen Unterschiede innerhalb des chinesisch-russischen oder eurasischen Lagers verbergen, spiegeln sie den Verfall der westlichen Politik im Allgemeinen wider.

Innerhalb Europas trägt diese Politik zu lokalen Unruhen bei, schürt die Islamophobie und ermöglicht es rechten Parteien, Flüchtlinge als innenpolitische Karte zu nutzen

Es ist wichtig, persönliche Positionen zu vertreten, die mit Menschlichkeit, Vernunft, Logik und Recht vereinbar sind, und alle Themen aus dieser Perspektive und ohne Vorurteile zu diskutieren.

Meinungsfreiheit und Boykott sind ein verfassungsmäßiges Recht, eine moralische Pflicht und ein zivilisierter Weg, sich der korrupten Politik von Parteien, Staaten, Konzernen und allen Investitionen von Rüstungsunternehmen zu widersetzen.

Die Ausübung der Freiheit ist ein kontinuierlicher und permanenter Test für die Demokratie in den Fragen von heute und in den Fragen der Zukunft.

Im Allgemeinen versuchen wir, die Szene eher zu beschreiben als zu analysieren, um die Erfahrungen der entstehenden arabischen Demokratie in dieser düsteren Atmosphäre in der Welt weiterzugeben. Das werden wir im nächsten Kapitel tun, indem wir die Erfahrungen des politischen Islams in Tunesien und Ägypten diskutieren.

Gründe für das Scheitern des politischen Islams in den arabischen Ländern

Nachdem wir die negativen Aspekte, unter denen wir in den westlichen Demokratien leiden, beleuchtet und einige ihrer Formen und Ursachen vorgestellt haben, wollen wir uns nun der anderen Seite zuwenden und die arabische Demokratie nach den Revolutionen, die einige der diktatorischen Regime in diesen Ländern gestürzt haben, und die Herausforderungen, vor denen sie stehen, betrachten

Wir werden das umstrittene Konzept des politischen Islams beleuchten, der es nach den Ereignissen des Arabischen Frühlings bereits geschafft hat, in einigen Ländern des Nahen Ostens an die Macht zu kommen, und seine zentrale Rolle bei der Gestaltung der politischen Landschaft diskutieren, indem wir seine Erfahrungen und Ziele analysieren.

Als Muslim glaube ich an Religion und Glaubensfreiheit, aber der Aufbau von Staaten und Institutionen ist ein evolutionärer Prozess, der realistische wissenschaftliche Ansätze erfordert, die auf dem gesammelten Wissen von Ländern und Völkern im politischen und wirtschaftlichen Bereich basieren.

Die Suche nach politischen Lösungen aus der Geschichte von Gesellschaften und Völkern und ihrem religiösen, kulturellen und sozialen Erbe macht diese Lösungen näher an der Anwendung in diesen Gesellschaften und harmonischer mit ihnen und trägt dazu bei, das Engagement der Bürgerinnen und Bürger für das Gesetz, seine Annahme und Achtung sowie die Entwicklung der Selbstzensur als kontinuierliche Praxis in ihrem Leben und ihren Beziehungen zu stärken.

Aber diese Lösungen müssen dem Einzelnen zunächst Freiheit, Gerechtigkeit und Gleichheit in allen Aspekten des Lebens als Werte bieten, die aus keinem Grund und unter keinem Vorwand verhandelt oder gestört werden können, und müssen von den Erfahrungen moderner Länder und ihrer Entwicklung profitieren, anstatt zu versuchen, das Rad neu zu erfinden, wie es heißt.

Warum finden viele Menschen die Gründung von Parteien, die auf Religion basieren, nicht gut? Tatsächlich gibt es moralische Bedenken gegen die Monopolisierung religiöser Konzepte durch eine Gruppe, Sekte oder politische Partei, wenn diese Konzepte allen gehören.

Wenn sich eine Partei „Muslimbruderschaft" nennt, heißt das dann, dass die anderen Parteien durch das Konzept der sprachlichen Gleichsetzung Brüder des Teufels sind?

Eine Partei als islamistisch zu bezeichnen, erweckt den Eindruck, dass ihre Gegner gegen den Islam sind, und das Gleiche gilt für alle Religionen und menschlichen Werte.

Wenn diese Parteien dann mit allen oder einigen ihrer Projekte scheitern, ermöglicht dies den Gegnern der Religion, dieses Scheitern allen religiösen Menschen oder der Religion als Idee anzulasten.

Auch im Handel ist es arrogant und irreführend, einen Lebensmittelladen „Amana Grocery" bedeutet „Vertrauen Geschäft" zu nennen, vor allem wenn ein Betrug aufgedeckt wird.

In der Regel kann keine Gruppe ein religiöses oder humanitäres Konzept monopolisieren, und eine Partei, die einen fairen Wettbewerb um die Macht anstrebt, muss ihr Publikum von ihren politischen und wirtschaftlichen Plänen überzeugen und darf nicht ihre religiösen Gefühle ausnutzen.

Zurück zu den Erfahrungen der politischen Islam-Parteien in der arabischen Welt.

„Islamische" politische Bewegungen

Wenn du diese Bewegungen beobachtest, kannst du sie nach ihrer ideologischen Perspektive, ihren erklärten Zielen und der Art und Weise, wie sie diese Ziele erreichen wollen, kategorisieren und in drei Achsen einteilen:

In Bezug auf die Ideologie:

- Bewaffnete fundamentalistische Parteien und Gruppen

- Politische Parteien mit einem religiösen Bezug

In Bezug auf die Methoden, die sie zum Erreichen ihrer Ziele einsetzen:

- Bewaffnete Parteien und Gruppen

- Reformistische politische Parteien

- Wohltätige Organisationen und reformorientierte Gruppen

In Bezug auf die Ziele und Aufgaben:

- Streben nach einem islamischen Staat und der Anwendung der Scharia

- Die Forderung nach politischen und sozialen Veränderungen und Reformen

Wir müssen bedenken, dass es nicht möglich ist, alle Einzelpersonen und Gruppen zu verallgemeinern, denn innerhalb jeder Gruppe und Partei gibt es

verschiedene Flügel und Strömungen, die sich weiterentwickeln und deren Visionen von Person zu Person variieren, und ihre Überzeugungen ändern sich je nach ihren Erfahrungen und den Herausforderungen, mit denen sie konfrontiert sind und die sie umgeben.

Auch innerhalb jeder Partei oder Gruppe gibt es fundamentalistische, zentristische und liberale Ausrichtungen

Wir werden uns auf Gruppen konzentrieren, die Politik durch bewaffnete Aktionen oder durch Politik praktiziert haben, und wir werden karitative und sozialreformerische Organisationen und Vereinigungen ignorieren, da sie ein anderes Phänomen als das des Themas sind.

Anschließend werden wir die Ziele zwischen Theorie und Praxis diskutieren.

I : Bewaffnete Gruppen der Gegenwart:

Al-Qaida tauchte Ende der 1980er Jahre als prominenteste fundamentalistische politische Gruppierung auf und weigerte sich, unter der Führung liberaler Kräfte wie der Fatah zu arbeiten. Die arabischen Regime und die USA sahen in ihr eine große Chance, also unterstützten sie sie direkt durch offizielle Erklärungen und lokale Zeitungen und lenkten sie nach Afghanistan, um den Wunsch nach Widerstand gegen die Kolonialisierung auszunutzen. Sie wurde von diesen Ländern finanziert und bewaffnet, weil sie die Sowjetunion schwächen und aus Afghanistan vertreiben wollten.

Natürlich wurde dies von einigen jungen Menschen akzeptiert, die sich von der Kontrolle der großen Länder über ihre Länder und ihr Schicksal frustriert fühlten und ein Ventil fanden, um auf eigene Faust etwas zu unternehmen, und wir werden hier nicht auf die Erfahrungen in Afghanistan eingehen.

Nach ihrem Erfolg in Afghanistan verwandelte sich die Al-Qaida von einem nützlichen Werkzeug in einen erbitterten Feind, der die meisten seiner Verbrechen in islamischen und arabischen Ländern wie Saudi-Arabien, dem Sudan und dem Jemen beging und sich in einem viel geringeren Ausmaß auf Europa und am 11. September 2001 auf die USA selbst ausdehnte, so dass die USA daraufhin „Al-Qaida" recycelten und als Vorwand benutzten, um die Welt im Kampf gegen den islamischen Terrorismus zu mobilisieren, den sie selbst produzierten und leiteten, was zur Invasion Afghanistans und dann zur amerikanischen Invasion und vollständigen Zerstörung des Iraks führte, um die wahren amerikanischen Motive in der Region auch denjenigen zu zeigen, die keine Ahnung von der Materie haben.

Al-Qaida hat sich später unter neuen Umständen und politischen Veränderungen weiterentwickelt und ist heute in ihrer hässlichsten Form als „Islamischer Staat im Irak und in der Levante" oder „ISIL" zu sehen, und es ist nicht nötig, das hier zu verlängern, denn ein großer Teil von uns syrischen Flüchtlingen ist direkt oder indirekt Opfer des Terrorismus dieser Organisation.

Wie immer lässt sich eine Idee nicht kontrollieren und auch nicht allein mit Waffen bekämpfen, sondern indem man sie studiert, analysiert, ihre Ideen dekonstruiert, die Öffentlichkeit für ihre Gefahr sensibilisiert und sich dafür einsetzt, die Länder der Region in den Bereichen Wirtschaft, Politik, Bildung und

Rechtsstaatlichkeit zu entwickeln, um die Menschen zu immunisieren und sie davor zu schützen, solchen Organisationen zum Opfer zu fallen.

Es gibt Dutzende von objektiven Büchern, die die Entstehung und Entwicklung von al-Qaida aus verschiedenen Blickwinkeln und in mehreren Sprachen erörtern, und jeder Interessierte sollte sie zu Rate ziehen, und vielleicht sollte jeder Angehörige dieser Region sie lesen.

Seit den September-Ereignissen in den USA haben Araber und Muslime keine Gelegenheit ausgelassen, sich dafür zu entschuldigen und ihre Ideen auf jede Art und Weise und auf jeder Plattform zu verleugnen. Das hat die USA jedoch nicht davon abgehalten, das von ihnen geschaffene Monster zu benutzen, um ihren Terrorismus in unserem Land zu rechtfertigen, den islamischen Terrorismus zu vermarkten und eine bedauerliche Situation der Islamophobie zu schaffen, und heute verfolgen sie und Frankreich immer noch genau denselben Ansatz.

Al-Qaida, ISIS und Boko Haram in Südafrika sind die amerikanische Version der russischen Wagner-Truppen, aber sie sind schlauer, weil sie junge Menschen, die sich in ihren Ländern unterdrückt fühlen, ausnutzen und sie kostenlos rekrutieren und nur die Anführer und Ideologen dieser Organisationen bezahlen müssen.

Ein Blick auf Syrien, insbesondere auf die von diesen Gruppen kontrollierten Gebiete, genügt, um das Ausmaß der Korruption und die Abscheulichkeit der dort begangenen Verbrechen zu erkennen, während sie Religion und religiöse Parolen auf plumpe Art und Weise benutzen.

Wenn sich die Lage in Syrien stabilisiert und Beweise, Dokumente und Zeugenaussagen von Opfern und Verbrechern ans Licht kommen, wird es vielleicht möglich sein, sie klarer und objektiver von allen Seiten zu analysieren und die internen und externen Einflüsse sowie die Rolle der regionalen Länder bei ihrer anhaltenden Kontrolle über Idlib und Nordsyrien zu untersuchen.

Lies über Al-Qaida und ISIS

Geisterkriege: Die geheime Geschichte der CIA, Afghanistans und Bin Ladens, von der sowjetischen Invasion bis zum 10. September 2001 von Steve Coll:

Die Organisation des Islamischen Staates (Teil I: Ein allgemeiner Rahmen und ein kritischer Beitrag zum Verständnis des Phänomens): Azmi Bishara

ISIS. Das angebliche Kalifat: Wurzeln, Entstehung, Ausbreitung, Konfrontation von Hassan Abutaleb

Schwarze Fahnen: Der Aufstieg von ISIS von Joby Warrick

ISIS von innen: The Rise of the World's Most Brutal Organisation von Michael Weiss und Hassan Hassan

II: Politischer Islam Parteien:

Der zweite Abschnitt befasst sich mit den Parteien, die in der heutigen arabischen Welt an die Macht gekommen sind oder an ihren Institutionen beteiligt waren. Diese unterscheiden sich deutlich von den Gruppen im ersten Abschnitt, und obwohl wir sie als Block behandeln, stellen sie auch Einzelphänomene dar, die jeweils ihre eigene Besonderheit haben.

Demokratie im arabischen Erbe

Bevor wir die politische Leistung dieser Parteien aus heutiger Sicht erörtern, werden wir uns mit dem Konzept der modernen Demokratie und ihren Wurzeln sowie mit den Konzepten des Regierens in der alten arabischen Literatur befassen, die zum Hintergrund dieser Parteien gehören.

Zunächst müssen wir uns darüber im Klaren sein, dass die Demokratie ein rein westliches Produkt ist und die Suche nach ihren Wurzeln im arabischen Erbe reine Zeitverschwendung ist, da das arabische politische Denken in einem völlig anderen wirtschaftlichen, sozialen und intellektuellen Kontext steht als das in Europa und der westlichen Welt.

Der moderne Begriff der Demokratie, mit dem wir den modernen Staat meinen, der auf dem Bürgerrecht und der Direktwahl der Regierungen durch das Volk basiert, und die westliche politische Literatur, die diese Form erreichte, durchlief in Europa verschiedene Stadien, die von religiösen, militärischen und politischen Konflikten und der Form der Wirtschaft, die auf einem Leibeigenschaft System basierte, durch die industrielle Revolution und bis in die Gegenwart beeinflusst wurden.

Das klassische arabische Denken hat sich meines Wissens nie direkt mit dem Konzept der Demokratie auseinandergesetzt, wohl aber mit den Konzepten der gerechten und rationalen Staatsführung. „Ibn Khaldun" zum Beispiel warnte vor der Umwandlung von (sozialer Solidarität) in Intoleranz und Tyrannei, was zum Zusammenbruch des Staates führen würde. „Ibn Rushd" betonte auch die Bedeutung einer gerechten Gesellschaft, die vom Gesetz regiert wird und die Rechte des Einzelnen respektiert.

Das bedeutet nicht, dass es keine Versuche gab, die Grundlagen für die Wahl des Herrschers zu schaffen, aber sie fanden nicht den Weg in die Praxis und entwickelten sich daher nicht auf der theoretischen Ebene, und es macht keinen Sinn, sie zu überprüfen.

Das Hauptziel ist es, sich auf die zeitgenössischen Erfahrungen selbst zu konzentrieren und nicht auf das Konzept des Regierens im islamischen und arabischen Erbe, auf das wir nicht näher eingehen werden.

In der Praxis wird das Konzept der Demokratie in unseren arabischen Ländern überhaupt nicht angewandt, vielleicht teilweise in einigen Ländern wie Kuwait und verzerrt und formalisiert in anderen.

Man darf auch nicht vergessen, dass die politische Erfahrung dieser Länder im Allgemeinen sehr kurz ist, da sie erst vor wenigen Jahrzehnten unabhängig wurden und in dieser Zeit nicht völlig unabhängig waren, da die Großmächte immer noch einen deutlichen Einfluss auf sie ausüben, und sie keine wirkliche Stabilität in der Neuzeit und im letzten Jahrhundert erlebt haben und daher nicht mit der langen politischen Erfahrung Europas verglichen werden können.

In diesem Kontext und innerhalb dieses Rahmens können wir die politischen Erfahrungen dieser Parteien lesen und ihre Leistung messen.

Eine Erinnerung daran, dass die Verwendung von Religion im Namen oder in der Struktur der Partei moralisch fragwürdig ist

Wir werden die Parteien des politischen Islams vernachlässigen, die mit den herrschenden Regimen in Ländern koexistieren, die mit den Ereignissen des Arabischen Frühlings keine gewaltsamen Veränderungen erlebt haben, wie z. B. Jordanien, Marokko, Algerien und Kuwait, sowie die Parteien des politischen

Islams in Ländern, die mit den Ereignissen des Arabischen Frühlings keine gewaltsamen Veränderungen erlebt haben.

Parteien des politischen Islams in Ländern, die einen bewaffneten Konflikt erleben, wie Syrien, Libyen, Sudan und Jemen, sind kein politisches Phänomen.

Die beiden Erfahrungen, über die es sich lohnt, nachzudenken, sind die in Tunesien und Ägypten, denn zwei dieser Parteien konnten durch den Willen des Volkes und freie und direkte Wahlen an die Macht kommen und scheiterten am absoluten Ergebnis.

Tunesien:

Nach der Revolution 2011 gewann die islamistische Ennahda-Partei die Wahlen und bildete eine Koalitionsregierung. Sie konnte zwar keine nennenswerten Erfolge erzielen und musste einige Kritik einstecken, verhielt sich aber im Allgemeinen demokratisch und zivilisiert.

Die säkulare Nidaa Tounes-Partei gewann dann die Wahlen und Beji Caid Essebsi wurde zum Präsidenten gewählt. In den folgenden Jahren kam es zu politischen Unruhen, die mit der Wahl von Kais Said, einer unabhängigen Persönlichkeit, zum Präsidenten endeten.

Ägypten:

Nach der Revolution 2011 gewann die Muslimbruderschaft die Wahlen und Dr. Mohamed Morsi wurde zum Präsidenten gewählt. Die Regierung der Bruderschaft wurde für ihre Versuche, den Staat zu islamisieren, und für ihr Versagen in der Verwaltung kritisiert. Auf offizieller Ebene respektierte sie jedoch die Freiheiten und ließ kritische Stimmen zu, schaffte es aber trotz einiger kleiner Erfolge nicht, die Stabilität aufrechtzuerhalten. Nach 13 Monaten wurde Morsi schließlich mit Unterstützung der Bevölkerung von der Armee abgesetzt und General Abdel Fattah al-Sisi übernahm die Macht.

Die Bruderschaft gewann die Stimmen des Volkes mit unrealistischen Versprechungen, und da es ihr an politischer Erfahrung außerhalb der Opposition mangelte, war die Machtübernahme ein strategischer Fehler und politischer Selbstmord.

Dies war eine historische Chance für die Bruderschaft oder die ägyptische Freiheits- und Gerechtigkeitspartei, aus ihrer Popularität Kapital zu schlagen, Flexibilität und Reife zu zeigen, die Macht zu teilen, anstatt sich zu isolieren, als ob sie in einem stabilen Staat leben würde, und mit anderen revolutionären Parteien und Kräften zusammenzuarbeiten, um ein gerechtes System zu errichten, das das Land von der angesammelten Korruption früherer Diktaturen befreit und die Macht von den korrupten Institutionen des tiefen Staates zurückerobert, indem sie Verwaltungsreformen durch gemeinsame Arbeit und Kooperation mit allen zum Wohle des Staates und nicht zum Interesse und Erfolg der Partei durchführt.

Alleingänge, gepaart mit Entwicklungsträumen ohne eine wirkliche Untersuchung der Bedürfnisse des Landes und ohne wirkliches Wissen über die Dimensionen der Politik innerhalb der korrupten staatlichen Institutionen, die durch die Revolution gestürzt wurden, haben eine riesige Kluft zwischen Versprechen und Realität geschaffen.

Von einigen Anhängern dieser Parteien hört man viel über die Verschwörungstheorie, dass sie keine faire Chance bekommen haben, was zwar teilweise stimmt, aber nicht korrekt ist. Gute Absichten rechtfertigen nicht das Versagen beim Schutz des Staates oder den Mangel an Weisheit im Umgang mit politischen Partnern und Gegnern. Es gibt viele objektive Gründe:

- Das Fehlen eines klaren Plans zur Führung des Landes und der Mangel an politischer Erfahrung außerhalb der Opposition

- Der Versuch, die Macht zu gewinnen, als ob das Land stabil wäre, während der erste Schritt darin bestand, mit anderen Parteien zusammenzuarbeiten, um die Übergangsphase zu überwinden und dafür zu sorgen, dass die Macht in allen Bereichen des Staates von korrupten Personen abgezogen wird.

- Die übliche destruktive Rolle der US-Politik in der Region, die sie dazu veranlasste, die Stimmen der Politiker zu ignorieren, die sich innerhalb der US-Institutionen gegen den Putsch in Ägypten aussprachen.

- Europa hingegen spielt die Rolle eines widerwilligen Mitläufers der US-Politik in der Region und beschwert sich dann über die Flüchtlingskrise.

- Die Angst einiger arabischer Regierungen vor dem Erfolg der revolutionären Kräfte, insbesondere der Bruderschaft, und der möglichen Ansteckung, die ihre Regierungen bedroht, trug zu ihrer Unterstützung für den Putsch bei.

- Die Angst einiger politischer Partner und Gegner der Machtübernahme durch die Bruderschaft führte dazu, dass sie sich mit der Armee verbündeten und dazu beitrugen, auch westliche Länder davon zu überzeugen, den Putsch zu unterstützen.

- Das alte Regime selbst, dessen Männer die wahre Macht im Land auf der Ebene der Armee, der Institutionen und der öffentlichen Verwaltungen kontrollieren, spielte eine wichtige Rolle bei der Unterstützung des Putsches, um seine Errungenschaften zu bewahren.

Die westliche Presse konzentrierte sich in ihrer Analyse mehr auf ideologische Befürchtungen und gab ihnen mehr Gewicht als der Realität. Einige Parolen dieser Art waren jedoch bereits in der Basis der Bruderschaft und in den Stimmen ihrer Gegner präsenter als in ihren offiziellen Erklärungen.

Die Ennahda-Partei in Tunesien zeigte demokratisches Verhalten, verbündete sich mit anderen und akzeptierte das Ergebnis der Wahlen im Hinblick auf den Ausgang.

Auf der Ebene der Leistung stehen nicht genügend Daten für eine wirkliche Bewertung dieser Erfahrung zur Verfügung, da dies eine Untersuchung von Zahlen, Fakten und Regierungsberichten über die Wirtschaft im Land während der Herrschaft der Bruderschaft erfordert, und diese wird in naher Zukunft nicht verfügbar sein.

Außerdem lassen der kurze Zeitraum und die sehr turbulente politische Situation keine logische Analyse zu, die als Maßstab für das Scheitern oder den Erfolg der Verwaltung gelten kann.

Wichtig ist, dass die Menschen und die politischen Kräfte von den Erfahrungen profitieren und eine selbstkritische Bestandsaufnahme machen, um Fehler zu vermeiden, wenn sie eine zweite Chance erhalten, friedlich zu einem Rechts- und Bürgerstaat überzugehen, ideologische Träume aufzugeben, sich ernsthaft für eine nicht ausgrenzende Politik zu engagieren und den nationalen Partnern verschiedener Strömungen ernsthafte Garantien zu geben.

Beide Erfahrungen endeten leider mit dem Aufstieg einer brutalen Diktatur an die Spitze der Macht, mit einem totalen Zusammenbruch der Wirtschaft, des Dienstleistungs-, Gesundheits- und Bildungswesens und einem völligen Fehlen von Meinungsfreiheit. Das ist nach Revolutionen nicht verwunderlich, denn die Französische Revolution brachte den Kaiser Napoleon Bonaparte hervor, wobei ein großer Unterschied zwischen den beiden Fällen besteht.

Wenn du versuchst, dir Nero, Caligula, Dematian und den Fatimidenherrscher vorzustellen, wird es dich nicht überraschen, den arabischen Präsident auf dieser Liste zu finden, und er übertrifft sie alle sogar in Bezug auf Wahnsinn, Tyrannei und Versagen, aber wenn du versuchst, ihn psychologisch zu analysieren, gibt es keine passenden Worte, die verwendet werden können.

Wenn du ein Liebhaber der arabischen Literatur bist, reicht es schon, ihm zuzuhören, um einen Herzinfarkt oder einen Schlaganfall zu bekommen, und das Schlimmste ist, dass er sich für einen wortgewandten Redner hält, obwohl er kaum Arabisch kann.

Herr „Der General" ist dagegen viel leichter zu verstehen, da er, abgesehen von seiner eigenen Persönlichkeit, ein typisches und klares Bild des autokratischen Generals der heutigen Zeit darstellt, mit dem gleichen Paket aus Unterdrückung, Versagen, Korruption, einstimmigen Medien und natürlich der Verherrlichung des heldenhaften Führers.

Heute leben wir politisch vielleicht im späten arabischen Mittelalter, wo in einigen Fällen politische Ämter und religiöse Kleidung zu einem Vorwurf der Korruption im öffentlichen kollektiven Bewusstsein geworden sind.

III „Scharia" zwischen Theorie und Praxis

Die dritte Achse in der Erfahrung des zeitgenössischen politischen Islams ist die Diskussion über die Ziele und die Möglichkeit, sie durch die Scharia zu erreichen.

Eine kleine Versammlung von Menschen in Deutschland, eine Plakate hielten, auf denen die Rückkehr des Kalifats gefordert wurde, erregte meine Aufmerksamkeit, und das war interessant. Ich hörte auch Aufrufe zu einer Gegendemonstration, Ja und Isoliert vom Stück, in einem Land, das das Hissen der palästinensischen Flagge nicht zulässt, sondern eine Demonstration, die die Rückkehr des Kalifats fordert, deswegen hatte ich am Anfang Angst, dass die Menschen darauf reagieren würden, und tatsächlich sind die meisten Syrer nicht naive und die Gegendemonstration erhielt nur sehr wenig Resonanz, und ich weiß nicht, ob sie überhaupt stattfand.

Die schwache Resonanz auf die Gegendemonstration ist ein wichtiger Indikator, denn sie spiegelt das Bewusstsein der breiteren Öffentlichkeit der Muslime für <u>die Oberflächlichkeit der Idee</u> wider <u>, und das ist gut</u>, oder sie spiegelt vielleicht <u>ihre Gleichgültigkeit und Apathie </u>wider, und das ist etwas, das überlegt und analysiert werden muss, aber ich möchte sagen, dass es ein Indikator für das Bewusstsein der Menschen für die Naivität dieser Idee „die Rückkehr des Kalifats" und die intellektuelle und historische Unreife ihrer Träger ist, und dass sie keinen großen Prozentsatz der Gesellschaft ausmachen.

Die Scharia im islamischen Gesetzbuch:

Weder der Koran noch der islamische Kodex im Allgemeinen bieten ein detailliertes politisches System für die Errichtung des Staates, noch tun dies andere Religionen, soweit ich weiß.

Zwar gibt es im Judentum und im Islam Details zum Leben, die in beiden Religionen als „Scharia" bezeichnet werden, aber es besteht kein wirklicher Konsens zwischen allen Sekten, zumindest nicht auf der Ebene der Details und Interpretationen, während diese Scharia im Christentum seit der Zeit des Paulus fehlte und heute nicht mehr ernsthaft diskutiert wird, abgesehen von einigen Fragen in einigen Kirchen, vor allem in Bezug auf die Ehe, die Taufe und andere rituelle Fragen, und es gibt keinen religiös-politischen Vorschlag unter den östlichen Kirchen in unserer syrischen Gesellschaft, zumindest aus meiner Sicht, und weil wir uns hier auf das islamische Recht im Besonderen und die politischen Islambewegungen konzentrieren.

Zu Beginn des Islams und nach dem Tod des Propheten Muhammad tauchte der Begriff Kalifat auf, der eher ein sprachlicher als ein religiöser Begriff ist, und bedeutet auf Arabisch „Kalifat = die nächste Person" und die Art und Weise, wie er angewendet wurde, war eine Fortsetzung und Weiterentwicklung der beratenden Räte „Dar al-Nadwa", die es in Mekka und bei den arabischen Stämmen gab, auch nach dem traditionellen Blog.

Die Zeit des ersten Kalifats war sehr kurz und bot keine ernsthafte Gelegenheit, ein System zur Kontrolle des Herrschers oder eine Methode zu seiner Auswahl und Absetzung zu entwickeln. Sie endete in der Regel mit einem politisch-militärischen Konflikt, der zu einer Versöhnung führte, die die Herrschaft auf den ersten König des Umayyaden-Staates übertrug.

Dieses System des Kalifats endete schnell und verwandelte sich während der Umayyaden-Dynastie in eine explizite Erbmonarchie, obwohl der König den Titel des Kalifen behielt. Diese Ära endete mit einer Revolution, die zu einer weiteren Monarchie während der Abbasiden-Dynastie führte, wobei weiterhin auf der Beibehaltung des Titels des Kalifen bestanden wurde.

Es folgten politische Veränderungen, als das Abbasidenreich schwächer wurde und fremden Invasionen ausgesetzt war. Diese Faktoren führten zur Entstehung von Monarchien, die oft den Namen „Emirat" annahmen, und diese Staaten und Emirate wuchsen und schrumpften in verschiedenen Teilen des geteilten Reiches, wobei eine formale Verbindung zum Zentrum bestand.

Am Ende, nach einem langen Kampf, wurde eine neue Monarchie unter der Führung der Osmanen errichtet, und der Name wurde in Sultan anstelle von Kalif geändert, wobei er darauf bestand, dass er ständig der Kalif ist!

Diese kurze Darstellung soll zeigen, dass der Name Khalifa oder Sultan die Bezeichnung für den König ist und mit der Zeit und aufgrund des Rechtskodex eine symbolische, emotionale und manchmal auch religiöse Bedeutung bekam, vor allem als die Region in einen schweren Zustand der Rückständigkeit und Spaltung und der Kontrolle durch Kolonialländer und dann diktatorische Regime geriet.

Weil die der Autorität nahestehenden „Kleriker" in diesen historischen Phasen darauf bedacht waren, den Herrscher religiös abzusichern, und auf dessen direkte und ausdrückliche Bitte hin oder auf implizite Bitte hin oder freiwillig aus dem Wunsch heraus, der politischen Autorität näher zu kommen, wurden alle abweichenden Stimmen unterdrückt, so dass die Debatte über die

Methode der Herrscherwahl fast verschwand und die Stimmen, die Reformen, Gerechtigkeit, die Schura und islamische Prinzipien forderten, nur in der Anwendung blieben, ohne sich der Position des Königs „Kalifen" zu nähern, und dies verstärkte die emotionale Symbolik, die wir erwähnt haben, und mag ihr manchmal für einige Menschen in unserer heutigen Zeit religiöse Legitimität verleihen.

Daher können wir den Staat in der Geschichte der Region aus religiöser Sicht zusammenfassen, indem wir sagen:

Weder der Koran noch das traditionelle islamische Gesetzbuch bieten im Allgemeinen ein detailliertes politisches System für die Errichtung des Staates, wie es andere Religionen tun.

Der Islam enthält jedoch allgemeine Grundsätze für die Art und Weise und die Praxis der Staatsführung, wie z. B. **Schura „Konduktion, Beratungsart"** , **Gerechtigkeit, Gleichheit** und **Menschenrechte**, aber er diskutiert **nie** die Methode der Wahl eines Herrschers oder die detaillierten Gesetze des Staates. Diese Prinzipien können eine Grundlage <u>für die</u> Entwicklung und den Aufbau moderner politischer Systeme sein.

Beachte, dass diese Prinzipien nicht immer Gegenstand eines Konsenses waren, denn die rechtswissenschaftlichen Auslegungen dieser Prinzipien variierten und entwickelten sich mit unterschiedlichen Motiven und mit der Entwicklung der Situation und den unterschiedlichen Herausforderungen und Atmosphären, in denen diejenigen lebten, die über diese Themen schrieben.

Noch einmal: Politische Systeme in der islamischen Welt entstanden und entwickelten sich unter dem Einfluss verschiedener religiöser, politischer, wirtschaftlicher und sozialer Faktoren, in unterschiedlichen historischen Kontexten und unter verschiedenen Umständen.

Es gab also kein festes politisches Modell in der islamischen Geschichte. Lediglich Staaten, Königreiche und Emirate wurden vom religiösen Denken beeinflusst, und das religiöse Denken der Rechtsgelehrten und Kleriker wurde von politischen und sozialen Entwicklungen beeinflusst.

Die Scharia gesellschaftlich und politisch diskutieren:

Auf der heutigen gesellschaftlichen Ebene möchte ich einige Ideen und Fragen aufwerfen, die du, lieber Leser, diskutieren kannst

Der Islam ist für alle Zeiten und Orte gültig: Liebe/r, der/die diesen Satz wiederholt:

Erstens hat jeder religiöse Mensch das Recht, seine Religion als die beste buddhistische oder christliche Religion zu betrachten.

Ich persönlich stimme dir als Muslim zu, dass der Islam für den Menschen zu jeder Zeit und an jedem Ort gültig und reformiert ist. Das bedeutet aber nicht, dass wir behaupten, dass es ein politisches System gibt, das bereit ist, den Staat zu führen, und es bedeutet auch nicht, dass wir uns über die Auslegung aller religiösen Texte oder historischen Ereignisse einig sind, und wir haben schon gar nicht das Recht, anderen unsere Ansichten aufzuzwingen.

Der Koran ist ein religiöses Buch, kein Buch der Geschichte, Politik oder Wissenschaft. Nimm daraus und lerne, aber um einen Staat aufzubauen, brauchst du einen klaren Plan und Gesetze, bei deren Auslegung wir uns nicht unterscheiden.

Gib mir diesen Plan und ich werde ihn gerne mit dir diskutieren. Wenn du mich von deinem Plan zur Lösung wirtschaftlicher, sozialer und politischer Probleme überzeugen kannst, werde ich dich unterstützen.

Gib mir eine Möglichkeit, Erfolg und Misserfolg zu messen, und ein Gesetz zur Aufsicht und Rechenschaftspflicht, und ich werde dich unterstützen.

Gib mir eine detaillierte Vision für die Entwicklung der Bildung, die umgesetzt und gemessen werden kann, und ich werde dich unterstützen.

Aber halte mir nicht die Religion vor die Nase, um mich emotional zu erpressen und mich zu zwingen, deine Meinung zu akzeptieren, und verkünde keine schönen und allgemeinen Slogans ohne Plan und bitte die Menschen, sich um dich zu scharen. Das erfordert einen großen Vertrauensvorschuss in dich und deine Fähigkeiten als Partei, Gruppe oder Einzelperson ohne Leitfaden oder Fahrplan, was für jeden vernünftigen Menschen eine sehr schwierige Forderung ist.

Wiederhole nicht, dass die Scharia die Lösung ist und der Islam die Lösung ist und dass die Anwendung der Scharia für den Sieg über Ungerechtigkeit oder für Fortschritt, Wohlstand und die Lösung von Problemen ausreicht, ohne eine detaillierte Diskussion über jedes Problem und den Weg zu seiner Lösung.

In der Tat haben einige Muslime und einige religiöse Juden die gleiche Phrase, und ich werde dir ein paar Fragen stellen.

Was ist die Scharia? Kannst du mir einen klaren Rahmen dafür geben?

Meinst du Gebete und Rituale? Was hat es mit der Leitung von Organisationen zu tun?

Meinst du Missionierung und Einschränkungen für Nichtreligiöse oder andere Religionen? Wie unterscheidet sie sich von anderen theokratischen Staaten?

Meinst du die Anwendung der Strafen, die im Koran erwähnt werden? Wenn wir davon ausgehen, dass diese Strafen eindeutig sind und es keine Meinungsverschiedenheiten über das Verständnis und die Anwendung gibt

Werden wir sie nach deinem Verständnis anwenden oder nach dem eines anderen?

Wenn wir in einer Sache unterschiedlicher Meinung sind, wie lösen wir diese Unstimmigkeit?

Willst du sie gemäß der schiitischen, sunnitischen oder ibadischen Denkschule anwenden?

Das sind alles berechtigte Fragen und du solltest sie beantworten, bevor du die Menschen aufforderst, dir zu folgen.

Wie bewertest du selbst die Erfahrungen des heutigen Religionsstaates im Iran und in Israel, und wie bewertest du die Praktiken in Indien und Myanmar auf religiöser Grundlage?

Glaube nicht, dass wir die Themen des Korans ignorieren, die mit Halal und Haram, Erbschaftsregeln, Schulden, Scheidung, Dschihad und anderen individuellen und sozialen Angelegenheiten zu tun haben. Diese Themen sind weder auf der Ebene der Kleriker noch auf der Ebene der Sekten einstimmig, zumindest einige von ihnen sind weder zwischen den Sekten noch auf der Ebene des Volkes vereinbart, und deshalb muss jedes Thema separat diskutiert werden.

Die Wahrheit ist, dass die einzige Konstante für alle Muslime nur der Koran ist, während das Verständnis und die Anwendung des Korans Gegenstand von Meinungsverschiedenheiten ist, die zur Entstehung verschiedener Sekten, Sekten und religiöser Schulen geführt haben, und das ist nicht nur spezifisch für Muslime, sondern du kannst es auch bei christlichen und jüdischen religiösen Sekten und Sekten sehen.

Wenn du eine Sekte oder Glaubensgemeinschaft näher betrachtest, wirst du feststellen, dass sie sich unter besonderen Umständen entwickelt hat, manchmal aufgrund der persönlichen Interessen und Wünsche einiger Kleriker oder um die Wünsche und Interessen einiger Herrscher zu erfüllen.

Es ist nicht nötig, schwer verständliche Beispiele aus der alten Geschichte oder kontroverse Beispiele aus der Gegenwart anzuführen ... Sieh dich einfach um!

Recht ist ein soziales Bedürfnis

Eine meiner frühesten Erinnerungen mit meinem Vater ist, als er mich über den Markt führte und wir eine Gasse zu einem kleinen Büro eines Händlers betraten. Er war ein einflussreicher Businessman in der Gegend, aber in das Büro passten kaum drei Personen, eine alte Holzbank, die als kleines Büro dient, hinter der der Businessman mit einigen Büchern sitzt und ein kleines Sofa für den Gast, auf dem saß mein Vater und ein Holzstuhl, auf dem ich saß.

Der Platz war mit nur zweieinhalb Personen überfüllt und groß genug, um in der Ecke eine leichte Dekoration aus dem Erbe Daraas unterzubringen, ich weiß nicht mehr, was es war, aber sie war ca.

Der Mann stand auf und schenkte meinem Vater eine Tasse arabischen Kaffee ein, während er über das öffentliche Kaffee in der Nähe des Justizpalastes oder des Regierungsgebäudes sprach und darüber, wie es entfernt und in einen öffentlichen Platz umgewandelt wurde, und schenkte dann erneut ein, wobei er das Schütteln der Tasse, ein Zeichen dafür, dass er genug Kaffee hatte, ignorierte und erklärte, dass er nur seine eigene Tradition von zwei Tassen Kaffee für alle anerkenne.

Der Mann brauchte sich nicht zu bewegen, er drehte sich einfach zu mir um und schenkte mir eine Tasse Kaffee ein. Ich nahm sie an, nachdem ich meinen Vater angeschaut und von seinem Gesichtsausdruck Zustimmung erhalten hatte und der Mann wieder seine eigene Tradition bei mir anwendete.

Dann drehte sich das Gespräch um „Mohammed al-Hariri , Abu Houran", eine der größten Stammesfiguren, der vor einiger Zeit gestorben war, ich weiß nicht genau, wann, und um einen Vorfall im Zusammenhang mit der Stammesjustiz, der sich im Saray-Hof ereignet hatte, als es ein öffentliches Kaffee war, er lobte dieses System sehr und mein Vater antwortete mit einem Lächeln und wich der Diskussion aus.

Ich erinnere mich nicht mehr an den Grund des Besuchs, wahrscheinlich die Arbeit, die ganze Erinnerung ist wie ein verschwommener Traum, aber es ist eine warme und schöne Erinnerung, vor allem, weil es wahrscheinlich das erste Mal war, dass ich wie ein Erwachsener arabischen Kaffee serviert bekam und mich auch wie ein Erwachsener benahm.

Einige Jahre später griffen mein Vater und mein Onkel auf die Scharia zurück, eine inoffizielle Gerichtsbarkeit, bei der die Schlichter Juristen und Kleriker sind, die sich mehr auf juristische Texte stützen, ein System, das auf Konsens beruht und keine Autorität oder Durchsetzungsmechanismen hat.

Der syrische Staat war zu dieser Zeit hochgradig korrupt, aber es gab keinen Bürgerkrieg.

Was aber bemerkenswert ist, ist die Effektivität und die Geschwindigkeit der Umsetzung, die natürlich durch staatliche Institutionen, Grundbuchämter und die zuständigen Behörden erfolgte.

Ein paar Jahre später, ich war ein junger Mann von 20 Jahren, lud mein Vater eine Gruppe von Leuten ein und es war wie immer meine Aufgabe, die Gäste zu bedienen, aber es war ein anderer Besuch, bei dem es sich auf Wasser und Kaffee beschränkte, und ich wurde aus irgendeinem Grund gebeten zu bleiben.

Nach und nach fing ich an, die Sache zu verstehen, die Art zu sitzen, die Art zu sprechen ohne Unterbrechung, dann die Rolle meines Vaters bei der Neuformulierung der Argumente jeder Partei und die Sicherstellung, dass sie die neue überarbeitete Formel akzeptieren ..., es war kein gesellschaftlicher Besuch, sondern ein Geschäftsbesuch mit klaren Zielen, es war ein Streit zwischen zwei Menschen in einer Stammesrechtssitzung oder man kann es eine informelle „einvernehmliche Lösung" nennen, ähnlich dem Schiedsverfahren, wobei ich anmerken muss, dass mein Vater in keiner Weise ein Stammesrichter war.

Diese Ereignisse veranlassten mich, die Geschichte der Stammesjustiz in der Region zu recherchieren, und ich war von den Ergebnissen überrascht. Das Rechtssystem entwickelte sich in Abwesenheit von Rechtsstaatlichkeit in der Wüste der Levante bis hin zur Negev-Wüste in Palästina auf bemerkenswerte Weise

Die Rolle dieses Systems wuchs mit der Schwächung des Staates, vor allem in Nomaden- und Stammesgebieten, und es entstanden Gesetze und Verfahren, die den Verfahren in der modernen Justiz ähneln, und dieses System entwickelte eine Art von spezialisierten Richtern, angefangen beim Untersuchungsrichter „natürlich unter anderen Namen", bis hin zu den Vollstreckungsgarantien.

Selbst in ländlichen und städtischen Gebieten war es üblich, dass Kaufleute von einem bekannten Kaufmann, Bauern von einem bekannten Landwirt und Viehzüchter von einem bekannten Viehzüchter bezahlt wurden. ....

In Syrien und Jordanien spielte es in einigen Gebieten weiterhin eine Rolle, vor allem in sensiblen sozialen Fragen, als Mittel des Staates, um Spannungen abzubauen, da es sich um Stammesgebiete handelt.

Ich habe kürzlich bei verschiedenen Gelegenheiten von einigen Anwälten in Syrien gehört, dass viele Menschen in einem instabilen Staat die Schlichtung in Syrien den Gerichten vorziehen, aber diese Schlichtung wird von ausgebildeten Anwälten durchgeführt, und sie dokumentieren sie und überwachen ihre Durchführung offiziell und nach dem Gesetz, aber auf eine gütliche Art und Weise außerhalb der Gerichte, natürlich kann man nicht sagen, dass alle Menschen dies tun, und ich behaupte nicht, dass es in allen Fällen funktioniert, und ich will dich nicht dazu inspirieren, dass Volkslösungen, egal wie organisiert, eine Alternative zum starken Staat sein können.

Menschen, die bei Abwesenheit oder Schwäche des Staates auf friedliche Alternativen zurückgreifen, sind zivilisierte Menschen, die nach gerechten Lösungen suchen, während einige angesichts der Korruption, die das, was von der Staatsform in Syrien heute noch übrig ist, beherrscht, zu illegalen Methoden greifen oder angesichts der Abwesenheit des Staates und des Zusammenbruchs seiner Institutionen in weiten Teilen des Landes sowie der Ausbreitung bewaffneter Banden, die von den Überresten des Assad-Regimes unterstützt werden, zu bewaffneter Gewalt greifen.

Natürlich wollen wir kein rosiges Bild der Stammesjustiz zeichnen, denn sie ist in keiner Weise ein Ersatz für den Staat,

Vielmehr möchte ich betonen, dass wir ein faires, unparteiisches, transparentes und unabhängiges Justiz- und Rechtssystem brauchen, das das Vertrauen der Bürgerinnen und Bürger genießt und allen Gerechtigkeit, Gleichheit vor dem Gesetz und schnelle Gerichtsverfahren garantiert.

Außerdem ist es klug, alles zu nutzen, was religiös und gesellschaftlich zur Verfügung steht, um die Autorität des Gesetzes und die Souveränität des Staates zu stärken, Gerechtigkeit zu erreichen und dem Slogan von der blinden Dame, die die Waage hält, eine moralische und emotionale Dimension zu geben, die die Selbstzensur des Einzelnen stärkt.

Der Artikel soll dir zeigen, dass die Menschen in unserer Region den Rechtsstaat wollen und dass sie Gewalt, Günstlingswirtschaft oder Bestechung nicht als Mittel der Gerechtigkeit ansehen, sondern sich nach einem menschenwürdigen Leben in einer Atmosphäre der Ordnung, Gerechtigkeit, Sicherheit und Stabilität sehnen.

Wenn du dich für dieses Thema interessierst und genaueres lesen möchtest:
Stammesjustiz in der Levante von Dr. Abdul Karim Gharaibeh
Stammesjustiz in Jordanien von Dr. Mohammed Ali Al-Qudah
Stammesjustiz in Syrien von Dr. Abdullah Hanna
Stammesjustiz im Libanon von Dr. Ali Moussawi
Stammesjustiz in Palästina von Dr. Walid Khalidi

Die Illusion der Trennung von Religion und Staat im Islam in den „arabischen Gesellschaften"

Der Koran nimmt einen großen Platz in den Herzen der Muslime ein, vor allem in unserer arabischen Welt, denn er spricht ihre Sprache, ihre Geschichte und ihre Themen und hat eine besondere Anziehungskraft, und vor allem hat er eine geistige Autorität über seine Gläubigen, die viele sind.

Du solltest beachten, dass du, wenn du den Koran in einer Übersetzung liest, die Sichtweise des Übersetzers und nicht den Originaltext liest, und oft ist die Übersetzung destruktiv für den Geist und die Bedeutung des Textes.

Im Gegenteil, der Koran war schon immer eine Inspirationsquelle für die Menschen in der Region, die verschiedenen Sekten und Religionen angehören, und hat die Schriften von Schriftstellern und Denkern aus allen Bereichen des Lebens beeinflusst.

Die Hauptprobleme unserer arabischen Gesellschaften sind heute jedoch:

- Politische Tyrannei , die alle Mittel einsetzt, um an der Macht zu bleiben
- Die Monopolisierung der Religion durch die Priesterklasse, die von politischer Tyrannei unterstützt wird.
- Die Hinzufügung von zwei zusätzlichen Ebenen zum heiligen Text im Laufe der Geschichte durch theologische Schriften und aufgrund historischer, sozialer und politischer Kontexte, die verstanden und analysiert werden müssen.
- Die politische Nutzung der Religion durch den Staat und die Opposition in zwei entgegengesetzten Richtungen.

Natürlich gibt es viele vernünftige reformistische Stimmen, aber sie erregen weder die Aufmerksamkeit der offiziellen Medien, noch dienen sie den Interessen der politischen Kräfte, sondern werden ausgegrenzt und schikaniert.

Um einige der politischen Aspekte des Korans zu verstehen, zeigen wir ein paar Beispiele zu verschiedenen Themen und versuchen, weitere zu suchen und dein eigenes Verständnis zu finden.

إِنَّ فِرْعَوْنَ عَلَا فِي الْأَرْضِ وَجَعَلَ أَهْلَهَا شِيَعًا يَسْتَضْعِفُ طَائِفَةً مِّنْهُمْ يُذَبِّحُ أَبْنَاءَهُمْ وَيَسْتَحْيِي نِسَاءَهُمْ إِنَّهُ كَانَ مِنَ الْمُفْسِدِينَ

Ø Pharao: Alqasas 4

Der Pharao erhob sich im Land und teilte seine Bewohner in Sekten ein. Er unterdrückte eine Gruppe von ihnen, schlachtete ihre Söhne und trauerte um ihre Frauen, denn er war einer der Verderber.

Er sprach nicht zuerst von dem Unglauben des Pharaos, sondern von seiner Tyrannei, seiner Spaltung zwischen den Völkern und der Korruption, die er betrieb. Erinnert dich das an einige Länder, die Menschen nach Rassen oder Sekten behandeln? In unserem Land, natürlich

Mose wollte die Ungerechtigkeit „Tyrannei" von seinem Volk nehmen, nicht vorrangig den Pharao zum Glauben an Gott bringen, aber seine Hauptforderung war die Freiheit für sein Volk, und du kannst selbst im Koran nachsehen.

⮜ شعيب: هود 84-87

وَإِلَى مَدْيَنَ أَخَاهُمْ شُعَيْبًا قَالَ يَا قَوْمِ اعْبُدُوا اللَّهَ مَا لَكُم مِّنْ إِلَهٍ غَيْرُهُ وَلَا تَنقُصُوا الْمِكْيَالَ وَالْمِيزَانَ إِنِّي أَرَاكُم بِخَيْرٍ وَإِنِّي أَخَافُ عَلَيْكُمْ عَذَابَ يَوْمٍ مُحِيطٍ

وَيَا قَوْمِ أَوْفُوا الْمِكْيَالَ وَالْمِيزَانَ بِالْقِسْطِ وَلَا تَبْخَسُوا النَّاسَ أَشْيَاءَهُمْ وَلَا تَعْثَوْا فِي الْأَرْضِ مُفْسِدِينَ

بَقِيَّتُ اللَّهِ خَيْرٌ لَّكُمْ إِن كُنتُم مُّؤْمِنِينَ وَمَا أَنَا عَلَيْكُم بِحَفِيظٍ

قَالُوا يَا شُعَيْبُ أَصَلَاتُكَ تَأْمُرُكَ أَن نَّتْرُكَ مَا يَعْبُدُ آبَاؤُنَا أَوْ أَن نَّفْعَلَ فِي أَمْوَالِنَا مَا نَشَاءُ إِنَّكَ لَأَنتَ الْحَلِيمُ الرَّشِيدُ

Ø Shuaib: Hud 84-87

Und zu Midian sagte ihr Bruder Schu'ayb: „O mein Volk, betet Allah an, denn für euch gibt es keinen anderen Gott außer Ihm, und verkürzt nicht die Waage und die Maßnahme, denn ich sehe euch wohl, aber ich fürchte für euch die Strafe eines gefährlichen Tages.

O mein Volk, erfüllt das Maß und die Waage in gerechter Weise, und nehmt den Menschen nicht ihre Sachen weg, und richtet auf der Erde keine Verwüstung an.

Die Ruhe Allahs ist besser für euch, wenn ihr gläubig seid, und ich bin kein Wächter für euch.

Sie sagten: „O Shu'ayb, befiehlst du uns, das aufzugeben, was unsere Väter angebetet haben, oder zu tun, was wir in unserem Besitz haben wollen, denn du bist der Weise und Kluge.

Das ist die Bedeutung des Gebets und der Anbetung, wie sie der Prophet Shu'ayb darlegte und wie sie von seinem Volk verstanden wurde. Denke darüber nach.

➢ عاد: الشعراء 128-129

أَتَبْنُونَ بِكُلِّ رِيعٍ آيَةً تَعْبَثُونَ * وَتَتَّخِذُونَ مَصَانِعَ لَعَلَّكُمْ تَخْلُدُونَ

Ø Aad: Gedichte 128-129

Baut ihr an jeder Wiese ein Zeichen, dass ihr mit * spielen und Fabriken nehmen könnt, damit ihr unsterblich werdet?

Kennst du ein Land, das sein Geld für den Bau riesiger Projekte ausgibt, die der Gesellschaft nicht nützen. Es interessiert sich vielleicht für eine Gruppe reicher Leute oder unter dem Vorwand, dass es dieses Land unsterblich macht und ignoriert die Bedürfnisse seiner Bevölkerung. Der größte Turm der Welt, eine luxuriöse Verwaltungshauptstadt in einem armen Land, der höchste Fahnenmast, republikanische Paläste und luxuriöse Wohnviertel für die herrschende Gruppe, während das Gesundheits- und Bildungssystem im Land völlig zusammenbricht.

Ø Yusuf: Yusuf 69-76 und Respekt vor dem Gesetz, unabhängig von der Religion des Königs.

Die islamischen politischen Bewegungen haben den Geist und die Essenz des Textes ignoriert, und einige von ihnen haben sich theologischen Träumen und Illusionen zugewandt, die weit von der Realität und ihren Problemen entfernt sind.

Die islamische Priesterschaft ihrerseits hat sich von den sozialen Vorteilen in Politik und Wirtschaft abgekoppelt und vermarktet ihren eigenen Aberglauben unter staatlicher Schirmherrschaft, angetrieben von Faktoren, die leichter zu verstehen sind als die, die die politischen Islam-Parteien hervorgebracht haben.

Das Phänomen des „Klerikers" und seine Entwicklung im Islam ist nicht sehr komplex, und wir könnten ihm einen eigenen Artikel widmen, wohl wissend, dass der Koran im Besonderen und der Islam im Allgemeinen das Priestertum eindeutig bekämpft, sodass das islamische Priestertum keine organisierte, vereinbarte Form mit klaren Merkmalen annehmen konnte.

Aber das ist sicher: Im Koran gibt es kein vorgefertigtes politisches System für jeden, der auf diesem Gebiet geschrieben hat, ob alt oder neu, sondern eine Reform des Einzelnen und der Gesellschaft, auf die man durch ruhige Diskussion und gemeinsamen Dialog ohne Fanatismus aufbauen kann.

Du wirst darin sicherlich weder eine klare Art und Weise finden, einen Herrscher zu wählen, noch eine Form des Staates und seiner Institutionen, noch ein religiöses Verhalten für den Einzelnen, das niemand das Recht hat, ihm aufzuzwingen, sondern die Freiheit des Glaubens und der Praxis ist das Hauptkonzept in diesem Abschnitt.

Wieder und wieder: Der Aufbau des Staates und seiner Institutionen und die Auseinandersetzung mit den Fragen und Problemen dieser Staaten ist ein evolutionäres, intellektuelles Unterfangen, das auf wissenschaftlichen Forschungsmethoden basiert, sozial, politisch und wirtschaftlich ist und von der objektiven Extrapolation der Geschichte und der Erfahrungen der Menschen sowie der lokalen historischen Erfahrungen profitiert.

Es macht auch keinen Sinn, den Slogan der Trennung von Religion und Staat in einer feindseligen Art und Weise zu erheben, die den Zorn mancher erregt, sondern vielmehr auf den Dialog zwischen allen Sekten und Gruppierungen zurückzugreifen und eine gemeinsame Basis zwischen ihnen zu finden. Es ist notwendig, den Dialog zwischen allen zu suchen und einen gemeinsamen Nenner zu finden.

Wissenschaft und Religion

Religion kann als eine Reihe von Konzepten und Ideen definiert werden, die eine Vorstellung vom Beginn des Lebens und des Todes vermitteln und oft mit einer Reihe von Ritualen, Riten, Moral und einigen Gesetzen verbunden sind.

Diese Definition ist eine grobe Vereinfachung, da Religion ein viel komplexeres Phänomen ist, aber sie ist eine akzeptierte und gängige Definition in verschiedenen Formen unter Soziologen und Philosophen.

Wichtig für uns ist, dass wir sie von der empirischen Wissenschaft abgrenzen können, da die Religion Antworten gibt, die über den aktuellen Rahmen der empirischen wissenschaftlichen Forschung hinausgehen, und Fragen, für die wir keine präzisen und schlüssigen Antworten haben, wie z. B. den Grund für die Erschaffung des Universums und den Fortbestand des Menschen und seiner Bestimmung.

Unter diesem Gesichtspunkt lassen sich drei große Strömungen unterscheiden

1- Evolutionstheorie oder Darwinismus
2- Intelligentes Design oder Präzisionsdesign
3- Kreationismus

Kreationisten glauben, dass Gott die Welt und den Menschen erschaffen hat, und jede Religion hat ihre eigene Vision, um die sich eine Vielzahl von Geschichten, Ritualen und Praktiken drehen. Aus Sicht ihrer Gegner wird diese Theorie durch die Kontrolle der Priester, die Fülle des Aberglaubens und die Kollision mit der Wissenschaft in Beschlag genommen, so dass sie wie ein Schneeball ist, der im Laufe der Zeit immer weiter rollt und anschwillt. Je größer er wird, desto mehr Details und Erklärungen ändern sich, und die Gestalt und Kleidung des Priesters ändert sich und sein Stil entwickelt sich mit dem Wandel der Zeit, obwohl er immer ein wenig oder viel hinter der Realität zurückbleibt.

Viele Kreationisten nutzen wissenschaftliche Fakten, um den heiligen Text mit der Wissenschaft in Einklang zu bringen, versuchen nicht, den Verstand zu stören, und bieten einen vernünftigen Ausgleich zwischen schlüssiger empirischer Wissenschaft und den spirituellen Bedürfnissen des Menschen.

Was das intelligente Design angeht, so handelt es sich um eine philosophische und wissenschaftliche Hypothese, auch wenn die Beweise dafür unter Forschern umstritten sind. Stark vereinfacht lässt sich das Thema so zusammenfassen, dass man die Präzision in dieser Welt akzeptiert, ohne eine entscheidende Meinung oder eine einfache Geschichte zu haben, die es den Menschen leichter macht, dieses Universum im Sinne von Ursache und Bestimmung zu verstehen.

Mit anderen Worten: Sie stützt sich auf die Vorstellung, dass die Komplexität des Universums und des Lebens auf die Existenz eines intelligenten Schöpfers hinweist - eine Meinung, die nicht ohne Weiteres zurückgewiesen werden kann und die wiederum keine genaue wissenschaftliche Vorstellung von diesem Schöpfer liefern kann. Ihre Befürworter argumentieren, dass die Anerkennung der Richtigkeit der Gesetze, die das Universum regieren, durch wissenschaftliche Ergebnisse bestätigt wird, wie könnte man sonst wissenschaftlichen Ergebnissen vertrauen, die auf Analogien beruhen?

Ihre Kritiker sind der Meinung, dass es sich nur um eine Maske handelt, die von einigen Neuschöpfungsforschern benutzt wird, um sich im Namen der Wissenschaft zu verstecken oder um einen Schritt auf dem Weg zu machen, und das haben auch einige Akademiker erwähnt, die gegen den Unterricht dieser Theorie in den Schulen sind. Deshalb werden wir Intelligent Design nicht von anderen kleineren Strömungen trennen, die mit ihm in Einklang stehen, wie Kreationisten und Agnostiker, da sie der Einfachheit halber in diese Strömung einbezogen werden können.

Der Darwinismus hingegen bietet eine umfassendere Erklärung, die sich mit der Zeit weiterentwickelt und verändert, was mit der Zunahme der Entdeckungen und der Entwicklung der Wissenschaft natürlich ist und seine Popularität steigerte, weil er eine einfache Idee präsentieren konnte, die aus Sicht seiner Gegner mit Zufall oder Zufälligkeit zusammengefasst werden kann. Oder die natürliche Auslese als Hauptleiter, der den Evolutionsprozess durch Mutationen anführt, aus Sicht seiner Befürworter.

Der Darwinismus hat in fast allen modernen Wissenschaften seine Spuren hinterlassen. Seit seinen Anfängen hat er in wissenschaftlichen und populären Kreisen enorme Kontroversen ausgelöst, während er in offiziellen wissenschaftlichen Kreisen große Popularität und Unterstützung genießt. Leider sind <u>einige seiner</u> Anhänger nicht ohne eine gewisse Intoleranz und versuchen manchmal, andere von der Szene auszuschließen.

Natürlich ist der Darwinismus voller unbestreitbarer wissenschaftlicher Lücken, aber wir wollen in diesem Artikel nicht darüber diskutieren, ob eine der drei Theorien richtig oder falsch ist.

Wir versuchen auch nicht, das Konzept der Religion zu vereinfachen, deren Einfluss und Rolle in den Humanwissenschaften, in der Philosophie und der Soziologie nicht geleugnet werden kann, sondern wir versuchen, die wichtigsten Strömungen, die unter den Menschen verbreitet sind, darzustellen.

Daher kann der Darwinismus von seinen Fanatikern aus der Perspektive der vorherigen Definition als eine eigenständige Religion betrachtet werden. Oder er kann als wissenschaftliche Theorie betrachtet werden, wenn wir uns erlauben, ihn zu diskutieren, ihn weiterzuentwickeln, einige seiner Ergebnisse zu akzeptieren und andere zu verwerfen, und zwar nach den Regeln der nüchternen Forschung und der wissenschaftlichen Beweisführung.

Was die Auseinandersetzung mit traditionellen Religionen angeht, so haben einige Kreationisten dies schon vor dem Aufkommen des Darwinismus getan. Du findest sie bei einigen fortschrittlichen arabischen Gelehrten, die sich auf einige Aspekte bezogen, die dieser Idee nahe stehen, wie z. B. Al-Jahiz, oder bei späteren Gelehrten, die versuchten, sie mit der Religion in Einklang zu bringen, wie z. B. der verstorbene große Mustafa Mahmoud. Wir wollen diesen Ansatz hier weder akzeptieren noch ablehnen, sondern ihn nur vorstellen.

Was wir hier erörtern wollen, ist der Platz und die Rolle der einzelnen Strömungen. Die Wissenschaft wird oft missbraucht, wenn es um Religion geht. So lassen sich zum Beispiel weder die heutigen noch die alten Religionen aus evolutionärer Sicht erklären. Der Homo sapiens, der uns ähnlich ist, existiert nach den niedrigsten aktuellen Schätzungen seit 40.000 Jahren auf der Erdoberfläche, und der Unterschied zwischen uns und ihm geht nicht über den kognitiven Unterschied und die Umwelt- und Sozialbedingungen hinaus. Deshalb kannst du die Konzepte des Buddhismus, des Hinduismus, der abrahamitischen Religionen in ihren drei Formen, des Islam, des Judentums und des Christentums, nicht auf evolutionäre Ursachen zurückführen, auch nicht die älteren Religionen wie die sumerische, altägyptische, griechische, nordeuropäische oder die indigenen

Völker Australiens und Amerikas. Ihre Legenden, Geschichten und Religionen gehören, unabhängig davon, ob du an sie glaubst oder nicht oder wie du sie verstehst, zu rationalen menschlichen Wesen, die sich nicht von uns unterscheiden.

Wie willst du sonst eine geistige Fähigkeit erklären, die präzise mathematische Konzepte kannte und Tempel, Pyramiden und Burgen mit einer Präzision baute, die auf eine enorme kognitive Entwicklung in einigen Bereichen hindeutet, und dann willst du dir ihre Religionen als die Erfindung eines Höhlenmenschen vorstellen, der zwischen Mensch und Affe steht, wenn du zum Beispiel an die Evolution glaubst!

Stell dir vor, dass dieser Mann präzise mathematische Berechnungen durchführt, die wir heute verwenden, wie z. B. das sechzigste Rechensystem, Gebäude baut und Statuen formt, von denen wir heute nicht verstehen können, wie sie entstanden sind, und manchmal können wir sie auch nicht nachbauen, und gleichzeitig erlaubst du dir, ihn dir mit halber Kleidung, einem behaarten Körper und einem gekrümmten Rücken vorzustellen, der dem Affen näher steht, wenn es um Religion geht!

Das ist ein schrecklicher intellektueller Trugschluss. Am besten ist es, dieses Erbe von einem menschlichen Interpretationsstandpunkt aus zu betrachten, der auf den uns zur Verfügung stehenden Informationen über die Sprachen und das Wissen dieser Völker, ihre Kultur und die Ereignisse, die sie erlebt haben, basiert.

Sie jedoch als evolutionär unterlegene Menschen zu betrachten, entbehrt nicht einer gewissen Naivität, die in keiner Weise als wissenschaftlich bezeichnet werden kann.

Was die Frage von Glaube und Unglaube angeht, kann dich ein geschickter Redner mit wissenschaftlichen Beweisen aus dem Wissen und den Erkenntnissen unserer Zeit, wie dem Darwinismus oder der Relativitätstheorie und der Quantenphysik, von beidem überzeugen, und das ist bei einigen Atheisten und Missionaren verschiedener Religionen üblich.

Aber er kann dir weder einen Glauben an die Religion noch an den Atheismus einflößen. Das ist ein persönlicher Weg, den jeder für sich selbst gehen muss, wobei er das Recht anderer respektiert, ebenfalls ihren eigenen Weg zu wählen.

Zivilisierte Debatten und Dialoge sind in Ordnung und manchmal sogar eine gesellschaftliche Notwendigkeit, wenn dieser Glaube oder Unglaube das eigene Verhalten und die Beziehungen zu anderen beeinflusst.

Ich habe einmal mit einem arabischen <u>Aufklärer</u> darüber gesprochen und das Gilgamesch-Epos als Beispiel für die literarische Produktion im Fruchtbaren Halbmond erwähnt, und ich war überrascht, dass er noch nie davon gehört hatte. Ein paar Tage später hörte ich, wie er versuchte, die Leute davon zu überzeugen, dass das Gilgamesch-Epos der Ursprung der Religionen in der Region ist, obwohl er es erst seit ein paar Tagen kannte, und anstatt ein wenig Zeit und Mühe in das Studium des Epos zu investieren, stürzte er sich sofort auf die vorgefasste Schlussfolgerung in seiner Vorstellung!

Wie du merkst, haben alle bisherigen Theorien ihre Höhen und Tiefen, und die Religion bleibt auf einer anderen Ebene und beantwortet Fragen, die über den Rahmen der empirischen Wissenschaft hinausgehen.

Für die Beantwortung dieser Fragen braucht es keine empirischen Beweise, denn die sind nicht möglich, sondern es braucht den Glauben, der eine persönliche Freiheit ist, und die Religionsausübung ist eine persönliche Freiheit, <u>solange sie nicht die Freiheiten anderer verletzt</u>.

Auf praktischer Ebene bietet dir die Religion eine Methodik, an die du dich hältst und mit der du aus freien Stücken Selbstzensur vor Gott ausübst, um deinen Umgang mit dir selbst und anderen zu verbessern, und du darfst sie anderen nicht aufzwingen.

Identitätskonflikt

Wir kommen nun zur letzten Achse, nämlich dem Konzept des Nationalismus und der Nationalität, ihren Wurzeln und ihren Auswirkungen auf den aktuellen politischen Konflikt.

Arabischer Nationalismus zwischen Illusion und Realität

Der Begriff „Nation" in seiner heutigen Form ist ein relativ junger Begriff, der im neunzehnten Jahrhundert in Europa aufkam und sich im Osmanischen Reich, vertreten durch die Türkisierungsbewegung und angetrieben von einer türkischen nationalistischen Strömung, durch die Flut arabischer nationalistischer Bewegungen, die von ihr und europäischen nationalistischen Bewegungen beeinflusst wurden, und unterstützt durch den Wunsch der Briten, die Araber im Ersten Weltkrieg auf ihre Seite zu ziehen, durchsetzte.

Das Konzept des Nationalismus entwickelte sich später in Europa zur Form des modernen Staates, aber in der Levante nahm es eine andere Form und einen anderen Weg in einem anderen politischen, sozialen und religiösen Kontext, und seine Dimensionen variierten je nach Staat in der Levante und dem Rest der „arabischen" Länder

In der Tat wurde der Besitz vieler Gebiete an europäische Länder übertragen, und Syrien und der Libanon gehörten zu Frankreich, während Jordanien, der Irak und Palästina zu Großbritannien gehörten. Später wurden diese Länder <u>theoretisch</u> unabhängig, während Militärregime sie mit französischer und englischer Unterstützung kontrollierten, und diese Unabhängigkeit wurde einerseits durch den Widerstand gegen die Kolonisierung und andererseits durch die Wege und Ergebnisse des Zweiten Weltkriegs vorangetrieben, der die Machtverhältnisse veränderte.

Diese neu errichteten Regime erlebten eine relative Stabilität und eine größere Stabilität in Jordanien, während in Syrien, dem Libanon, Palästina und dem Irak bis heute Konflikte herrschen und kaum zehn Jahre ohne einen Regional- oder Bürgerkrieg oder einen militärischen oder politischen Putsch vergehen.

Vielleicht liegt es daran, dass alle Länder der Levante nie unabhängig waren, da sie von einem Reich zum anderen wechselten, vor allem in den letzten 400 Jahren, in denen sie nur ein osmanischer Staat mit wichtigen Städten waren, aber wegen ihrer Nähe zum Zentrum keine Form von Autonomie besaßen wie die weiter entfernten Staaten wie Ägypten, Marokko, Jemen und andere, zusätzlich zu den ausländischen Interventionen und der Palästinafrage.

War dies die Ursache oder das Ergebnis der Schwäche der politischen Erfahrung und damit des Fehlens von Staatsmännern und tiefgreifenden Regierungsinstitutionen, die in der Lage sind, ein unabhängiges politisches Gebilde zu führen, das ein Gleichgewicht zwischen den nationalen Interessen und den Interessen internationaler und regionaler Mächte herstellen kann?

Der Begriff des arabischen Nationalismus fand jedoch seinen Weg in diese Gesellschaften und wurde intellektuell, politisch und religiös übernommen und ausgenutzt und infiltrierte die Lehrpläne und politischen Slogans. Dann begann er, seine Auswirkungen auf die Kurden als zweitgrößte ursprüngliche ethnische Komponente in Syrien und im Irak zu zeigen und bewirkte ihre Ausgrenzung, was den kurdischen Nationalismus stärkte, was ein natürliches Ergebnis ist, da auch sie einerseits von der neuen nationalen Strömung, die aus Europa kam, als nationalem Rahmen betroffen waren und andererseits von der Dominanz der neuen arabischen nationalistischen Idee als Bedrohung ihrer politischen und sozialen Rechte betroffen waren.

Die Araber in der Levante nahmen diesen Nationalismus unterschiedlich auf. Es gab zaghafte Zugehörigkeiten zum Syrischen, Assyrischen, Phönizischen und Aramäischen in Syrien und im Libanon, koptische Stimmen in Ägypten und eine religiöse Zugehörigkeit, die unter den muslimischen und christlichen Gemeinschaften zuzunehmen begann und das Ausmaß dieses Anstiegs ist der politische und soziale Druck, und diese religiöse Zugehörigkeit hat bei den Konflikten in der Region eine große Rolle gespielt.

Diese Länder begannen dann, eine nationale Identität auf nationaler Basis anzunehmen, eine Identität, die nicht eindeutig ist, sondern sich durch die offiziellen Grenzen aufdrängte, die als Ergebnis der beiden Weltkriege, internationaler Abkommen, regionaler Streitigkeiten und Konflikte und der Interessen der herrschenden Eliten totalitärer Natur entstanden sind.

Du kannst dir heute die Auswirkungen des Panarabismus auf die uneinheitliche und oft widersprüchliche Politik der arabischen Länder ansehen und ihn mit dem koreanischen und chinesischen Nationalismus vergleichen, der auch den Konflikt zwischen Taiwan und China oder zwischen Nord- und Südkorea nicht verhindert hat.

Es ist anzumerken, dass wir uns als Syrer auf Syrien konzentrieren, es aber nicht von seiner regionalen Umgebung trennen können. Allerdings gibt es zwischen ihm und dem Rest des Nahen Ostens und Nordafrikas mit den Besonderheiten der jeweiligen Region nicht viel Unterschied.

Eine kurze Pause

In einem der Dörfer meines geliebten Landes brach ein Konflikt zwischen zwei Cousins aus, der eine ein „Nasserist", der der sozialistischen Partei von Gamal Abdel Nasser angehörte, und der andere ein Baathist, der einer anderen sozialistischen Partei, der Baath-Partei, angehörte.

Sie verließen ihr Dorf und nahmen in der Stadt an Demonstrationen gegeneinander teil, bis hin zu Faustkämpfen, und natürlich kehrten sie immer im Streit in ihr Dorf zurück.

Der Vater fragte seinen Sohn nach dem Streit mit seinem Cousin, um diesen Streit zu verstehen und die beiden zu versöhnen.

Der Vater: Was willst du denn?

Der Sohn: Selbstbewusst: Einigkeit, Freiheit und Sozialismus

Der Vater: Was will dein Cousin? Was will dein Cousin?

Der Sohn zögert: Einigkeit, Freiheit und Sozialismus

Vater: Erstaunlich: Warum dann die Meinungsverschiedenheit? Er wäre doch nicht anders, Bey.

Der Sohn selbstbewusster: Bey... Es gibt einen Unterschied in der Demografie

Vater sarkastisch: Nein, dann gibt es einen Unterschied in der Demografie! Anders sein

Es mag dir zunächst seltsam vorkommen, aber du wirst feststellen, dass der Begriff „islamische Nation" nicht älter ist als der „arabische Nationalismus", sondern in derselben Zeit und im selben historischen Kontext bei der Bildung moderner Staaten auftauchte, als man versuchte, die entstehenden Staaten aus den Überresten des Osmanischen Reiches wiederherzustellen.

Seine Entstehung war möglicherweise religiös motiviert durch die religiöse Reformbewegung innerhalb des Osmanischen Reiches oder in den aufstrebenden Ländern nach dessen Verlust und Teilung, und seine Träger versuchten, einen breiteren Rahmen als den arabischen Nationalismus zu entwickeln, um diese Länder und Völker oder ihre Überreste angesichts der westlichen Kolonialisierung und des Aufstiegs dieser Völker in einem einzigen Block zu vereinen.

Die Antwort ist komplexer und detaillierter als ja oder nein. Aber wenn man sich die Realität der religiösen Einheit in der christlichen und muslimischen Welt heute ansieht und die Konflikte, die auf Interessen basieren, dann scheinen diese Zugehörigkeiten diese Interessen nur zu unterstützen und haben leider nicht dazu beigetragen, Konflikte und Kriege in Europa zu verhindern, und weder Sprache noch Religion konnten den russischen Krieg gegen die Ukraine verhindern. Die Religion hat den Krieg zwischen dem Jemen und Saudi-Arabien nicht verhindert. Auch der Krieg zwischen dem Irak und dem Iran wurde nicht durch Religion verhindert. Vielmehr war sektiererischer Fanatismus eine der Hauptursachen für diese Kriege und die Bürgerkriege im Irak, Syrien und Libanon. Da wir in Deutschland sind, können wir auch den Dreißigjährigen Krieg erwähnen, und die Weltgeschichte ist voll von anderen Bürgerkriegen.

Ausnahmsweise werde ich dir einige Beweise vorlegen, damit du anfängst, dieses Konzept der „islamischen Ummah" als ein Konzept, das sich auf alle Muslime bezieht, zu erforschen. Du wirst feststellen, dass es nicht real ist und nur in den zeitgenössischen Medien und natürlich in einiger veröffentlichter Literatur existiert, seit es vor einem Jahrhundert eingeführt wurde.

Wenn du den Koran selbst liest, wirst du feststellen, dass er dieses vermeintliche Volk nie anspricht, und das Thema, von dem im Koran die Rede ist und an wen es sich richtet, ist ein separates und unabhängiges Thema, auf das wir später noch näher eingehen werden.

Um nicht den Zorn einiger Menschen auf sich zu ziehen, wollen wir den Begriff „Umma" kurz im Hinblick auf seinen sprachlichen Ursprung betrachten und ihn dann im Heiligen Koran lesen:

Sprachlich: Die Wörter „Mutter, die gebiert", „Imam = Leiter oder Führer", egal ob er gut oder schlecht, und „qasd = wohin" im Sinne des beabsichtigten Ortes oder Ziels, treffen sich alle in einer Wurzel mit „Volk".

im Koran: Er hat vier Bedeutungen in der berühmten

- Eine Gruppe von Menschen, die durch einen Ort oder eine Zeit vereint ist, wenige oder viele: UMMAH = Volk
  - Und es soll unter euch ein <u>Volk</u> sein, das nach dem Guten ruft - Al-Imran:104 „

    ولتكن منكم <u>أمة</u> يدعون إلى الخير - آل عمران:Original: 104

  - Jenes <u>Volk</u> ist bereits vergangen, es hat, was es verdient hat, und ihr habt verdient, was ihr verdient habt, und ihr werdet nicht nach dem gefragt werden, was sie getan haben - Al-Baqarah 141 .

    Original: تلْكَ <u>أُمَّةٌ</u> قَدْ خَلَتْ لَهَا مَا كَسَبَتْ وَلَكُم مَّا كَسَبْتُمْ وَلاَ تُسْأَلُونَ عَمَّا كَانُواْ يَعْمَلُونَ - البقرة 141

    Wir haben jedes <u>Volk</u> mit seinen Taten geschmückt, und dann werden sie zu ihrem Herrn zurückkehren, und Er wird sie über das, was sie getan haben, informieren - Al-An'am 108

    Original: كَذَلِكَ زَيَّنَّا لِكُلِّ <u>أُمَّةٍ</u> عَمَلَهُمْ ثُمَّ إِلَى رَبِّهِم مَّرْجِعُهُمْ فَيُنَبِّئُهُم بِمَا كَانُواْ يَعْمَلُونَ - * الانعام 108

- Eine Zeitspanne: UMMAH = Zeit
  - Und wenn wir die Pein für sie bis zu einer bestimmten <u>Zeit</u> aufschieben würden - Hud:8

    ولئن أخرنا عنهم العذاب إلى <u>أمة</u> معدودة - هود:Original: 8
- Methode oder Vorgehensweise: UMMAH = Weg
  - Wir haben unsere Väter auf einem <u>Weg</u> gefunden - Al-Zukhraf:22

    إنا وجدنا آباءنا على <u>أمة</u> - الزخرف:Original: 22
- Art der Schöpfung Menschen oder Tiere ... : UMMAH = Volk

- Es gibt kein Tier auf der Erde, noch einen Vogel, der auf seinen Flügeln fliegt, außer <u>Völkern</u> wie euch - Al-An'am:38

  Original: وما من دابة في الأرض ولا طائر يطير بجناحيه إلا <u>أمم</u> أمثالكم - الأنعام:38 Plural

Findest du den Begriff islamische Nation in irgendeinem der oben genannten Verse oder irgendwo im Koran? Außerdem ist er nicht definiert, so dass wir verstehen können, warum dieser Begriff in den Schriften der fortschrittlichen arabischen Philosophen nicht vorkam.

Die folgende Geschichte soll überprüfen, was du denkst und nicht beeilst

*** Der Vater war von der süßen Stimme seines Sohnes beeindruckt und dachte, er würde aus dem Koran vorlesen, also wollte er den Dorfscheich beeindrucken, also lud er ihn ein, und als er kam, rief er seinen Sohn und bat ihn stolz, wie immer zu lesen:

Das Herz verehrte Rababa ---- nachdem wir beide alt geworden waren

Die Religion Gottes ist richtig ----- Ich sehe keinen Zweifel an ihr

Rababa ist ein bekannte Musikinstrument und der Text ist ein altes Lied aber kein Koran

Aus dem Augenwinkel sah er den Scheich an und bemerkte, wie sich seine Gesichtsfarbe änderte, da ihm die Worte nicht gefielen und er sich schämte, den Vater zu überraschen. Also beeilte sich der arme Vater, mit dem stärksten Glauben zu schwören: „Das ist aus dem Koran des Nachbarn und nicht aus unserem Koran, ich habe ihn heute lesen sehen. " ***

Sei also vorsichtig, woher du liest.

Was bedeuten diese Zugehörigkeiten für die Menschen in der Region?

Wusstest du, dass „Ibn Khaldun", der um 1406 starb, weder einen arabischen Nationalismus noch die „arabische Nation" oder die „islamische Nation" kannte und das Arabische als grundlegende Sprache für Wissen und wissenschaftlichen Austausch und den Islam als verbindende Identität für diese Völker ansah? Er machte aus seinem Stolz auf das **Amazigh** keinen Hehl und widmete ihm ein wunderbares Kapitel in seinem Buch „Al-Muqaddima".

Das Arabische war nie mehr als eine Sprache, aber es wurde durch den Islam gefärbt und mit dem Koran vermischt, der dazu beitrug, seine Dialekte zu vereinheitlichen und dann seine Regeln festzulegen und das zu formen, was wir heute als Klassisches oder Standardarabisch kennen. Es wurde zur offiziellen Sprache der Gesellschaft in religiöser und kultureller Hinsicht oder nur im Iran, in der Türkei und in anderen Ländern zu einer religiösen Sprache, und sein Einfluss zeigte sich, indem es sein Vokabular und seine Schriften in die Sprachen dieser Menschen einschleuste, die unter aufeinanderfolgenden Reichen lebten, dem Umayyaden-, dann dem Abbasiden- und schließlich dem Osmanischen Reich. Aber es war nicht immer die Sprache des Hofes. Seit der Mitte der abbasidischen Ära änderte der offizielle Hof oder der Hof der Staaten und Kleinstaaten seine Sprache entsprechend dem Wechsel der Sprache der Herrscher, Persisch, Türkisch, Arabisch und Kurdisch.

Was die Völker der Region angeht, so sind sie ein Gemisch ohne reine ethnische Zugehörigkeit, selbst in den Ländern der Arabischen Halbinsel, und das DNA-Projekt in Katar und ähnliche Projekte werfen ein großes Licht auf diese Frage.

Der Islam hingegen, der nach dem Judentum, dem Christentum und dem Zoroastrismus die jüngste Religion in der Region ist, ist unter den Einwohnern am weitesten verbreitet.

In Syrien selbst ist die jüngere Geschichte und die konkrete Realität eine Mischung aus Arabern, Kurden, Turkmenen, Tscherkessen, Armeniern, Tschetschenen, Albanern, Griechen und anderen Nationalitäten, und die Bevölkerung bekennt sich zum Islam, zum Christentum, zum Judentum, zum Jesidentum und zu anderen Religionen und Sekten, und einige sprechen neben

Arabisch noch ihre eigene Sprache, Das Schönste, was du sehen kannst, ist zum Beispiel eine arabische oder armenische Familie mit einem braunhäutigen, schwarzhaarigen Mann und seinem Bruder mit weißer Haut und roten Haaren, sowie die Kurden und die übrigen Nationalitäten und Sekten, während die Mehrheit der Juden aus Syrien und dem Irak, wie in den meisten „arabischen" Ländern, nach Israel, Europa und in die USA ausgewandert ist. Seit dem Jahr 2000 sind nur noch wenige von ihnen in Syrien geblieben und die Mehrheit lebt auf der ganzen Welt und viele von ihnen besitzen heute neben ihren beiden Staatsangehörigkeiten in den Exilländern auch die syrische Staatsangehörigkeit. Die Frage ihrer Migration und ihrer politischen und sozialen Gründe wurde von einer Reihe von Autoren erörtert und du kannst dich auf sie beziehen.

Was die Syrer, Phönizier, Assyrer, Aramäer, Kanaaniter, Sumerer, Akkader, Babylonier und andere anbelangt, so handelt es sich um verschiedene Bezeichnungen für die Bewohner der Levante und des Irak, die entweder einen Dialekt, eine Sprache oder eine Stadt bezeichnen, wobei anzumerken ist, dass dies Themen sind, die weit vom Hauptzweck dieser Artikel entfernt sind, der darin besteht, die Auswirkungen und die aktuelle gesellschaftliche Wahrnehmung von Religion, Literatur und Politik zu diskutieren.

Die Region des Fruchtbaren Halbmonds liegt zwischen Afrika, Asien und Europa und wurde im Laufe der Geschichte von vielleicht allen Völkern der Welt bewohnt, durchquert, verlassen, betreten und mit ihren Bewohnern interagiert, manchmal von Invasoren, manchmal von Händlern, manchmal von Einwanderern und Flüchtlingen

Die Frage, ob man an diesen Zugehörigkeiten festhält oder sie aufgibt, ob religiös, ethnisch, sprachlich oder konfessionell, ist eine andere Sache, die jedem Einzelnen überlassen bleibt, solange er nicht dazu aufruft, sie anderen aufzuzwingen, und solange sie nicht deren politische, soziale, religiöse und Menschenrechte beeinträchtigen.

Wichtig ist, dass die kulturelle und religiöse Identität dazu beiträgt, die Werte des Wahren, Guten und Schönen in einer gesunden Gesellschaft zu fördern, in der ein Rechtsstaat herrscht, der allen Menschen Freiheit, Gerechtigkeit und Gleichheit als Grundlage des Zusammenlebens garantiert.

Das bedeutet nicht, dass wir diese Zugehörigkeiten abschaffen sollten, denn Vielfalt war schon immer ein wichtiger Faktor für den Fortschritt von Nationen und Völkern und ein Tribut an ihre Kultur, aber jede Ideologie und Idee sollte so objektiv wie möglich diskutiert werden und den subjektiven Teil davon verstehen.

Träume von einer Einheit auf religiöser, kultureller oder nationaler Basis stellen keine realistische Lösung dar, um die gesellschaftlichen Gruppen innerhalb des Staates in einem Rahmen der Zusammenarbeit zusammenzubringen, der niemanden ausschließt, und in einer Atmosphäre, in der der Aufbau des menschlichen Wesens das oberste Ziel dieser Staaten ist.

Eine gesunde Einheit entsteht später in verschiedenen Formen, wie zum Beispiel in der Europäischen Union, wo sie studiert, verstanden, entwickelt und ausgebaut werden kann, und hier sind einige Fragen, die du selbst diskutieren und analysieren kannst:

Bedeutet die Einstufung Syriens, des Libanon, Marokkos und Algeriens als arabische oder islamische Länder, dass ihre Bevölkerungen alle Araber oder alle Muslime sind?

Steht das im Widerspruch zu den kurdischen, **amazighischen** und koptischen Identitäten, zum Beispiel?

Ist der Tschad ein weniger arabisches Land als der Sudan? Er gehört nicht zur arabischen Liga, obwohl die Hälfte seiner Bevölkerung Arabisch spricht!

Geben der Sudan und Somalia als arabische Länder ihre afrikanische Identität auf?

Oder ist es ganz oder teilweise Ausdruck ihrer sprachlichen und kulturellen Identität?

Und viele andere Lander im Süd Afrika

Ist Arabisch eine Sprache oder eine Ethnie?

Verschafft dir deine fragwürdige ethnische Zugehörigkeit einen Vorteil gegenüber anderen in diesen Ländern?

Ist jede ethnische Zugehörigkeit oder Nationalität ein Vorteil für einen Menschen, der ihm einen Vorteil gegenüber dem Rest der Bevölkerung verschafft?

Verschafft die Verwendung von Amazigh oder Kurdisch in der Bildung in diesen Ländern oder als Amtssprache diesen Ländern und ihrem Bildungssystem einen Vorteil?

Sollten wir im Gegenzug diese Sprachen auslöschen oder sie als authentischen Teil unseres Erbes wiederherstellen und weiterentwickeln und wie?

Sind diese religiösen, ethnischen und sprachlichen Zugehörigkeiten als Grundlage für den Aufbau eines Staates geeignet? Was ist die beste Definition von Staatsbürgerschaft, die Toleranz garantiert und das Leben der Menschen verbessert?

Fragen zum Nachdenken .... Wenn wir heute den Staat aufbauen wollen, müssen wir den Begriff von seiner ideologischen Verwendung durch verschiedene Strömungen befreien und uns auf eine neue Definition des Staates und des Konzepts der Staatsbürgerschaft einigen, auf der wir aufbauen können, um die Angelegenheiten unserer Länder realistisch zu regeln.

Eine der ältesten und bekannten Familien in Syrien ist die „kurdisch-kurdische, Kurdi-Akrad" Familie, und sie spricht kein Kurdisch.

Sowohl die Sprache als auch die Nationalität sind ein wichtiger Teil unserer Identität, aber die Frage ist, ob sie allein uns als Menschen definieren und anerkennen können, oder ob es das ist, was wir im Leben tun und denken? Wenn Identität für dich ein wichtiges Anliegen ist, dann lies

„Tödliche Identitäten" von Amin Maalouf

„Der Prophet" von dem Philosophen und Dichter Khalil Gibran

Geschichten aus dem Koran: Die Kinder von Adam und das große Verbrechen

Vom intellektuellen Standpunkt aus halte ich eine direktive religiöse Schrift, die über **„Halal und Haram"** entscheidet und den Menschen im Namen der Religion Regeln auferlegt, für völlig inakzeptabel und moralisch fragwürdig. **„Halal = erlaubt, Gesetzmäßig, Rein"** und **„Haram = Verboten, Unrein, Sündhaft"** , denn Religion sollte den Menschen überlassen werden, nach eigenem Gutdünken daran zu glauben oder nicht zu glauben, den Koran selbst zu lesen, darüber nachzudenken und ihn frei zu praktizieren oder im Rahmen der Achtung der Freiheit anderer objektiv und respektvoll darüber zu diskutieren. Im Rahmen der Respektierung der Freiheit anderer.

Das hindert nicht daran, die Religion im Recht, in der Moral und in allem, was die Werte der Wahrheit, des Guten und des Schönen entwickelt und die Solidarität der Mitglieder der Gesellschaft stärkt, zu zitieren, ohne anderen im Namen der Religion eine bestimmte Sichtweise aufzuzwingen oder der gesamten Gesellschaft eine bestimmte Religion aufzuzwingen.

Menschliche Schriften bleiben menschlich, egal wie alt sie sind und welche Stellung ihr Autor hat, und sie besitzen keine Heiligkeit in irgendeiner Form.

Auf der anderen Seite müssen heilige Texte respektiert werden, und wenn du nicht an sie glaubst, ist der Glaube anderer ein ausreichender Grund, sie zu respektieren, aber das hindert nicht daran, Debatten, Dialoge und Diskussionen über Ideen frei und ohne <u>Beleidigung oder Verletzung</u> zu führen.

Der Koran enthält eine große Anzahl von Geschichten, und sie sind verstreut und erfordern eine große Anstrengung, um sich ein Bild von jeder von ihnen zu machen, indem man die einzelnen Teile derselben Geschichte in den Kontexten, in denen sie erwähnt werden, betrachtet, sie dann kombiniert und in einem einzigen Rahmen sieht.

Es ist wichtig, auf die Gefahren der Übersetzung hinzuweisen, vor allem im Koran, denn aufgrund der Art der darin verwendeten Sprache, der vielen Ebenen und Schichten, der Überschneidungen und Verflechtungen von Themen und Kontexten sowie der historischen Distanz zu uns, bietet dir die Übersetzung die

Sichtweise des Übersetzers und präsentiert dir nicht den Originaltext in all seinen Dimensionen.

Die Söhne von Adam und das große Verbrechen

Diese Geschichte zeichnet sich durch Faktoren aus, die es angemessen erscheinen lassen, sie hier vorzustellen

1- Sie ist dem Christentum, dem Islam und dem Judentum gemeinsam
2- Sie wird nur an einer Stelle im Koran erwähnt, was ihre Darstellung erleichtert.

3- Sie passt zu den Themen und Zielen des Buches

Original: المائدة 27 – 31

وَاتْلُ عَلَيْهِمْ نَبَأَ ابْنَيْ آدَمَ بِالْحَقِّ: إِذْ قَرَّبَا قُرْبَانًا , فَتُقُبِّلَ مِن أَحَدِهِمَا وَلَمْ يُتَقَبَّلْ مِنَ الآخَرِ , قَالَ لَأَقْتُلَنَّكَ , قَالَ إِنَّمَا يَتَقَبَّلُ اللَّهُ مِنَ الْمُتَّقِينَ
لَئِن بَسَطتَ إِلَيَّ يَدَكَ لِتَقْتُلَنِي مَا أَنَا بِبَاسِطٍ يَدِيَ إِلَيْكَ لِأَقْتُلَكَ إِنِّي أَخَافُ اللَّهَ رَبَّ الْعَالَمِينَ
إِنِّي أُرِيدُ أَن تَبُوءَ بِإِثْمِي وَإِثْمِكَ فَتَكُونَ مِنْ أَصْحَابِ النَّارِ وَذَلِكَ جَزَاءُ الظَّالِمِينَ
فَطَوَّعَتْ لَهُ نَفْسُهُ قَتْلَ أَخِيهِ , فَقَتَلَهُ فَأَصْبَحَ مِنَ الْخَاسِرِينَ
فَبَعَثَ اللَّهُ غُرَابًا يَبْحَثُ فِي الأَرْضِ لِيُرِيَهُ كَيْفَ يُوَارِي سَوْءَةَ أَخِيهِ , قَالَ يَا وَيْلَتَى , أَعَجَزْتُ أَنْ أَكُونَ مِثْلَ هَذَا الْغُرَابِ فَأُوَارِيَ سَوْءَةَ أَخِي , فَأَصْبَحَ مِنَ النَّادِمِينَ
مِنْ أَجْلِ ذَلِكَ كَتَبْنَا عَلَى بَنِي إِسْرَائِيلَ أَنَّهُ مَن قَتَلَ نَفْسًا بِغَيْرِ نَفْسٍ أَوْ فَسَادٍ فِي الأَرْضِ فَكَأَنَّمَا قَتَلَ النَّاسَ جَمِيعًا وَمَنْ أَحْيَاهَا فَكَأَنَّمَا أَحْيَا النَّاسَ جَمِيعًا وَلَقَدْ جَاءَتْهُمْ رُسُلُنَا بِالْبَيِّنَاتِ ثُمَّ إِنَّ كَثِيرًا مِّنْهُم بَعْدَ ذَلِكَ فِي الأَرْضِ لَمُسْرِفُونَ

Maeda 27 - 31

Und erzähle ihnen die Geschichte von den beiden Söhnen Adams in Wahrheit: Als sie ein Opfer brachten und es von dem einen angenommen und von dem anderen nicht angenommen wurde, einer sagte: „Ich werde dich töten." Er sagte: „Gott nimmt nur die an, die fromm sind.

Der Bruder antwortete Wenn du deine Hand ausstreckst, um mich zu töten, werde ich meine Hand nicht ausstrecken, um dich zu töten, denn ich fürchte Allah, den Herrn der Welten.

Ich will, dass du meine Sünde und deine Sünde auf dich nimmst, und du wirst einer der Gefährten des Feuers sein, und das ist die Strafe für die Ungerechten.

So erlaubte ihm seine Seele, seinen Bruder zu töten, also tötete er ihn, und er wurde einer der Verlierer.

Allah schickte eine Krähe auf die Erde, um ihm zu zeigen, wie er die Schande seines Bruders bedecken kann, und er sagte: „O wehe mir, ich bin nicht in der Lage, wie diese Krähe zu sein und die Schande meines Bruders zu bedecken", und er wurde einer derjenigen, die es bereuen.

Deshalb haben Wir über die Kinder Israels geschrieben, dass, wer ein Leben ohne Leben tötet oder Verderben auf der Erde begeht, es ist, als ob er alle Menschen tötet, und wer lebt, es ist, als ob er alle Menschen lebt; und Unsere Gesandten kamen zu ihnen mit Beweisen, aber danach sind viele von ihnen auf der Erde wüst geworden.

Das Wort „Adam" ist ein Eigenname. Wenn man es also zu „Sohn/Tochter/Kinder" hinzufügt, wird es zu einem Gattungsnamen, der sich auf Menschen bezieht, und kann in diesem Sinne als Gattungsname betrachtet werden.

Die Geschichte handelt von zwei Brüdern, real oder eingebildet, die eine gute Tat vollbringen, sie bringen beide Spenden „Opfer", was ist es? Es spielt keine Rolle, und das ist eine wichtige Anmerkung, wenn der Koran etwas auslässt, ist es irrelevant.

Originaler Text sprecht über **„Kurban = Spende, Gabe, Opfer"** aber meine Übersitzung ist Spende weil stimmt es besser mit dem Kontext überein, aber egal welche willst du zu stimmen

Das eine wird von Gott angenommen und das andere nicht, und woher sie das wussten, wird in der Geschichte nicht erwähnt, aber wir werden aus dem Kontext verstehen , warum es nicht angenommen wurde.

Als Gott das eine Spende annimmt und das andere nicht, droht einer der beiden, seinen Bruder zu töten.

Der Tote weigert sich, Widerstand zu leisten und sagt: „Töte mich und trage die Sünde des Mordes und die Sünde, für die Gott mein Opfer ablehnte: Du sollst meine Sünde und deine Sünde tragen."

Der Mörder tötet seinen Bruder aus Gehorsam gegenüber Gott, und das Verb „gehorchte sich, seinen Bruder zu töten" Dieses Verb „gehorchte" und „gehorchen" kommt im Koran nur für religiösen Gehorsam vor. Original „[tˤaːʕa] = TAAHA „

Der Mörder wird „einer der Verlierer", und Verlust kommt im Koran immer in einem religiösen Sinne vor. Er wurde angenommen und wurde durch den Mord zu einem der Verlierer.

Gott schickt einen Raben, und der Mörder sieht, wie dieser Rabe die Erde absucht. Er spürt die Schrecklichkeit seines Werks und stellt sich vor, er sei dieser Rabe, der gerne sucht, ein Rabe, der in der arabischen Kultur dafür bekannt ist, dass er arrogant und stolz auf sich ist, die Araber sagen „arroganter als ein Rabe".

Er erkannte, dass er der Rabe war, der nach den Fehlern der Menschen sucht, und er wurde reumütig und erkannte, dass seine Arroganz ihn dazu brachte, seinen Bruder im Namen Gottes und im Gehorsam ihm gegenüber zu bestrafen.

Das Wort „Schande" bedeutet Sünde , das „Schande" oder Sünde hat nichts mit dem Körper oder der Scham zu tun. Original „[suːʔ] = SAUAH" .

Die Sünde seines Bruders zu verbergen bedeutet, seine Fehler zu vertuschen, wenn er sie sieht, und gar nicht nach ihnen zu suchen, „das liegt nicht in deiner Verantwortung".

Im Volksglauben heißt der Name des mörderischen Bruders „Kain = KABIL", was so viel wie „von der Annahme" bedeutet, und der andere ist „Abel = HABIL", was im Altarabischen die Bedeutung des Ermordeten ist und im umgangssprachlichen Dialekt der Bedeutung von Naivität ähnelt, und das hilft, den Zusammenhang zu verstehen, auch wenn wir es nicht brauchen.

In der abergläubischen Tradition waren einige Autoren aus der traditionellen „Priesterschaft" „Exegeten" damit beschäftigt, nach dem Opfer selbst zu suchen, was es war und woher die Brüder wussten, ob Gott sie akzeptierte oder nicht, und vernachlässigten das Wesentliche der Geschichte.

Einige von ihnen kamen zu dem Schluss, dass der Mörder der ungehorsame Bruder war, dessen Opfergabe nicht angenommen wurde, und dass der Grund für das Verbrechen Neid war, aber der Beobachter erkennt das Gegenteil.

> **Zwei Männer brachten Gott eine Opfergabe dar**
> **Gott akzeptierte einen von ihnen und akzeptierte den anderen nicht**
> **Der Akzeptierte wollte seinen Bruder für seine Sünde bestrafen, die die Annahme seines Opfers verhinderte**
> **Er verhielt sich wie eine Krähe, die nach der Sünde seines Bruders suchte und ihn im Gehorsam gegenüber Gott tötete**
> **Er wurde dann einer der Verlierer**
> **Das ist religiöse Arroganz, die es einem Menschen ermöglicht, einen anderen für seine Sünden zu bestrafen**

Schau dir die Taten von ISIS und Al-Qaida an und denke darüber nach, schau dir die Fatwas von Takfir an und denke darüber nach. Alles nur, weil jemand es für richtig hielt, Menschen im Namen Gottes zu verurteilen, und sogar so weit ging, das Urteil selbst zu vollstrecken. Menschliche Eitelkeit

Bis heute verteilen viele „Priester" an Menschen die Titel Glaube und Unglaube, Häresie und Heterodoxie!

Dann kommt das Ergebnis im Koran: Wer eine Seele tötet, ohne dass eine Seele oder ein Verderben auf der Erde ist, für den ist es, als hätte er alle Menschen getötet.

Die Geschichte mag an diejenigen gerichtet sein, die meinen, sie seien akzeptabel oder hätten den richtigen Weg und sich das Recht geben, Menschen im Namen der Religion zu kategorisieren und zu beurteilen.

Aber sicherlich ist die Geschichte an alle gerichtet, die den Koran lesen

Zu den „Priestern" und Fanatikern heißt es: „Demütigt euch ein wenig: Demütigt euch vor Gott.

<u>Es ist nützlich, sich das Wort „Israel" und **„Bani Israel = die Kinder Israels"**</u> <u>anzuschauen, das am Ende der Geschichte und viele Male im Koran erwähnt</u> <u>wird.</u>

„Israel" ist der Name des Propheten ‚Jakob' und bedeutet aus islamischer Sicht vielleicht ‚Liebhaber Gottes' oder ‚Diener Gottes' oder ‚Anhänger Gottes', und das Wort ‚Bani Israel' bedeutet die Söhne Jakobs und stellt sich Jakob nicht als Hauptmann der Menschheit vor, sondern meint seine Söhne und seinen Stamm, zu dem er natürlich gehört, was üblich ist, um einen Stamm nach dem Namen seiner berühmtesten Väter und Großväter zu benennen, so wie du sagst, die Araber seien die Söhne von Cahtan oder Adnan, es bedeutet nicht, dass er der einzige Vater für sie ist, Es ist der Stamm „Mose" im Koran, und wenn du die Rede im Koran studierst, wirst du feststellen, dass er die Muslime als Erben von Mose anspricht, so wie sie die Erben von Abraham sind. Das ist ein anderes Thema für ein anderes Mal.

Eine Freiheit, deren Decke der Himmel ist und deren Grenzen das Gesetz sind

Religion im Allgemeinen, der Islam und der Koran im Besonderen, denn ich bin Muslim, sind nicht das Privateigentum von irgendjemandem, und freies Denken und das Erreichen von besonderen Ergebnissen ist nicht das Monopol einer bestimmten Person, einer bestimmten Sekte oder einer Klasse von Klerikern, daher sollte Religion nicht in ein institutionalisiertes Werk verwandelt werden, da dies unweigerlich zu Spaltung und Unterschieden zwischen Gruppen führen wird, während Religion vor allem ein individuelles Werk oder eine soziale Manifestation ist, Sie in eine Institution zu verwandeln, um die Religionen zu vereinen, zu reformieren oder zu bekämpfen, ist zwangsläufig falsch und führt bei einigen zu einem Gefühl des Missstands, das Verschwörungstheorien fördert und zu religiöser Intoleranz führt, während ein freies Klima Raum zum Nachdenken und für einen ruhigen Dialog lässt und es jedem freistellt, zu glauben oder nicht zu glauben - eine Angelegenheit, die in die Zuständigkeit des Himmelsgerichts fällt.

Fazit: Die Freiheit des Denkens und der Praxis ist ein Recht, das wir genauso hochhalten, wie wir von anderen erwarten, dass sie es hochhalten, also müssen wir lernen, in dem gemeinsamen Raum zu leben, der uns alle zusammenbringt.

Welchen Wert haben ein göttliches Gebot und ein göttliches Versprechen?

Als gläubiger Mensch sehe ich ein göttliches Gebot als eine Verpflichtung an, die erfüllt werden muss, aber wenn es die Freiheit oder die Rechte anderer beeinträchtigt, stelle ich mir berechtigte Fragen:

Befiehlt Gott mir wirklich, andere zu unterdrücken und ihre Rechte zu beschneiden?

Gibt Gott mir Freiheit und befiehlt mir dann, die Glaubensfreiheit anderer zu konfiszieren?

Befiehlt Gott mir wirklich, etwas zu tun, was ich nicht tun kann?

Er befiehlt mir zu beten, Zakat, Ehrlichkeit, Gerechtigkeit und Nächstenliebe, und ich werde mich bemühen, ihm zu gehorchen, seine Gebote zu befolgen und seine Verbote zu vermeiden.

Wenn er mir aber befiehlt, anderen <u>eine bestimmte religiöse Meinung oder eine bestimmte Kleidung</u> aufzuzwingen oder <u>sie zu zwingen, eine bestimmte Kleidung abzulegen</u> und sie zu bekämpfen, werde ich an meinem eigenen Verständnis dieser Angelegenheit zweifeln, denn ich glaube, dass Gott allen Menschen die gleichen Rechte gegeben hat.

Was die göttliche Verheißung angeht, so hat Gott uns versprochen, dass er uns für unsere Fehler gegenüber uns selbst zur Rechenschaft ziehen wird, und er hat versprochen, uns zu verzeihen, wenn wir sündigen und zu ihm zurückkehren.

Er hat uns auch versprochen, dass er uns für unsere Verbrechen gegen andere zur Rechenschaft ziehen und Vergeltung an uns üben wird. Wir glauben an dieses Versprechen und fürchten es, deshalb greifen wir niemanden an, entschuldigen uns, wenn wir im Unrecht sind, und geben die Rechte an ihre Besitzer zurück. Deshalb wenden wir das Gesetz gegen Kriminelle an, denn Gottes Versprechen gibt niemandem das Recht, andere anzugreifen.

Uns ist der Sieg über die Unterdrücker versprochen, und wir glauben an dieses Versprechen. Deshalb widersetzen wir uns denen, die uns angreifen, mit allem, was wir können, und wir sind zuversichtlich, dass wir diesen Sieg erringen werden. Und wenn die Ungerechtigkeit zunimmt oder wir nicht in der Lage sind, uns dagegen zu wehren, fürchten wir nicht, dieses Recht zu verlieren, denn wir werden alle am Tag des Gerichts vor Ihm stehen und Er wird zwischen uns richten, worüber wir uneins sind. Er hat uns Sieg und Unterstützung versprochen, wenn wir uns den Angreifern widersetzen, und er hat uns befohlen, keine Angriffe zu begehen.

Er hat uns versprochen, uns zu vergeben, wenn wir schwach sind und unsere Pflichten Ihm gegenüber nicht erfüllen oder persönliche Fehler begehen und dafür Buße tun. Er hat versprochen, uns zu verzeihen, wenn wir schwach sind und uns nicht wehren können und uns in seinem weiten Land auswandern lassen.

Aber Gott hat uns nicht versprochen und uns nicht das Recht gegeben, andere moralisch oder materiell anzugreifen, sondern unsere Angst vor der Schwere der Strafe, wenn wir uns gegen andere versündigen oder sie angreifen.

Wenn du also meinst, dass Gott dir befohlen hat, anderen deine Meinung aufzuzwingen, oder dir versprochen hat, etwas vom Eigentum anderer zu bekommen, oder dir erlaubt hat, ihre Freiheiten zu beschlagnahmen, mein Lieber, dann werde ich dir ein Geheimnis verraten, das dir vielleicht noch nie jemand gesagt hat!

Du bist narzisstisch, egoistisch und wahnhaft ...

Du solltest erwarten, dass die Menschen ihre Rechte genauso verteidigen, wie du deine Rechte verteidigst, vielleicht sogar noch heftiger, und sie haben jedes Recht dazu, und alle ehrbaren und vernünftigen Menschen auf der Welt werden sie unterstützen.

Sei demütig vor Gott und behaupte nicht, dass du das Recht hast, im Namen Gottes zu handeln oder im Namen Gottes zu sprechen.

Quellen

Quellen werden normalerweise am Rand oder am Ende bzw. Anfang des Buches angegeben. Sie erhöhen die Seitenzahl und niemand liest sie, und ihr Vorhandensein widerspricht den Zielen des Buches, aber ich habe dir bereits viele Anregungen zum Lesen gegeben und die direkten Quellen der Meinungen des Buches weggelassen, weil es ein bewusstes Ziel ist und wiederholt erwähnt wurde.

Wenn diese Steigerung notwendig ist, ist es besser, etwas Lustiges und Nützliches zu sein und dir gleichzeitig die Quellen zu nennen, die ich auf dem Umweg zitiere.

Das schönste kritische Buch, das ich gelesen habe und das literarische, soziale und politische Kritik miteinander verbindet, ist zweifellos „Maqamat al-Hariri", aber es ist nicht für jeden Geschmack geeignet, und es zu übersetzen oder ein Zitat daraus zu übersetzen ist eine schwierige Aufgabe und nimmt das Schönste darin weg.

Der Roman Don Quijote des großen Schriftstellers Cervantes ist eines der größten Werke der Weltliteratur, und man kann sagen, dass es zu den Büchern gehört, die ihren Glanz mit der Zeit nicht verlieren, und ich werde mir von seinem Autor seine wunderbare Einleitung ausleihen und ein Stück davon in den Quellenabschnitt stellen.

Don Quijote ist mehr als nur ein komischer Roman, sondern ein ernsthaftes und vernichtend kritisches Werk über die literarische Produktion in Europa zur Zeit des Autors, und es ist nicht ohne einen politischen und sozialen Aspekt, und da ich dieses bescheidene Werk aus Deutschland, dem Herzen Europas, veröffentliche, ist es dem Leser näher, und es erfreut sich auch bei arabischen Lesern großer Beliebtheit. In der Einleitung spottet der Autor über das stereotype Bild von Quellen und ihrer Rolle

Deshalb sollte der Titel des Artikels von „**Quellen**" in „**Ich lese dir**" geändert werden. Hier ist ein Auszug

Cervantes' unsterbliche Einleitung: „Angepasst und gekürzt"

Wenn ich an die „Quellen" denke, die ich für dieses Buch schreiben soll, verehrter Leser, bin ich ratlos. Es ist üblich, dass Autoren ihre Werke mit solchen Ausschmückungen von Aphorismen und Zitaten von diesem oder jenem Autor schmücken.

Aber anstatt mich der Verzweiflung hinzugeben, habe ich beschlossen, mich auf die Einfachheit der „Idee" zu verlassen und das Werk für sich selbst sprechen zu lassen. Die Aufmerksamkeit des Lesers zu fesseln, auch ohne jede literarische Aufmachung.

Das ist gut, sagte der Freund, aber mir ist aufgefallen, dass du keine der Quellen oder Referenzen genannt hast, die du beim Schreiben dieses Buches verwendet hast, ist das nicht üblich? Richtig, antwortete der Autor, aber ich beschloss, auf diese lästige Gewohnheit zu verzichten.

Warum sollte ich mein Buch mit Namen belasten, für die sich niemand interessiert? Außerdem glaube ich, dass meine Geschichte stark genug ist, um auf eigenen Füßen zu stehen, ohne dass ich die Unterstützung von jemand anderem brauche.

Davon bin ich nicht ganz überzeugt, sagte der Freund. Es gibt einige Leserinnen und Leser, die gerne eine lange Liste von Referenzen am Anfang oder Ende eines Buches sehen, sie denken, dass das Werk dadurch wichtiger erscheint.

Vielleicht haben sie Recht, antwortete der Autor, aber ich bin nicht daran interessiert, diese Leser zu beeindrucken. Ich möchte, dass die Leute meine Geschichte als das genießen, was sie ist, und nicht wegen einer langen Liste von Namen.

Nun, das ist deine Sache, sagte der Freund, aber ich finde, du solltest trotzdem ein paar Quellenangaben machen, das ist einfach eine gute Übung!

Ich werde darüber nachdenken, sagte die Autorin, aber im Moment sollten wir uns darauf konzentrieren, das Buch in die Welt zu bringen. Ich bin mir sicher, dass die Leser es lieben werden, egal ob es Referenzen enthält oder nicht.

Vergiss nicht, liebe Leserin und lieber Leser, dass Quellen und Referenzen sehr wichtig sind, um jede Idee zu bestätigen, aber dieses Buch versucht nicht, einen bestimmten Fall selbst zu dokumentieren oder eine detaillierte Studie über ein bestimmtes Thema zu liefern, und es ist auch kein fiktiver Roman, in dem Quellen ignoriert werden können, wie Cervantes meinte. Es erübrigt sich zu sagen, dass diese Aufsätze in keiner Weise mit seinem unsterblichen Meisterwerk vergleichbar sind.

Das letzte Zitat zum Beispiel ist ein Versuch, dich dazu zu bringen, Cervantes noch einmal aus einem neuen Blickwinkel zu lesen, und du wirst überrascht sein, dass er mehr ist als der Zeichentrickfilm, den du als Kind gesehen hast, oder jedes andere Kunstwerk, das von ihm adaptiert wurde.

Siehst du um dich herum Menschen, die gegen Windmühlen kämpfen?

Nicht jeder hat die fruchtbare Fantasie, die Cervantes hatte, um Ideen in einem Märchen darzustellen, und nicht jeder hat die Fähigkeit, Schmerz in Humor zu verwandeln. Dieses Buch präsentiert dir seine Themen direkt und fordert dich auf, darüber nachzudenken, sie selbst zu recherchieren und zu einem eigenen Standpunkt zu gelangen.

Andererseits ist jede Quelle, die du in diesem Buch findest, und jede andere Quelle, von der du erwartest, dass ich sie zitiere, um diese Ansichten über Religion, Literatur und Politik zu untermauern, die Meinung des Autors und kein Beweis für ihre Gültigkeit.

Behalte immer im Hinterkopf, dass wissenschaftliche Beweise nicht absolut sind, sondern je nach Gegenstand und Methodik in ihrer Art und Beschaffenheit variieren und mit der Vielfalt der Wissenschaften aus Natur-, Sozial-, Human- und angewandten Wissenschaften variieren.

Fazit:

Liebe Leserinnen und Leser:

Ich danke Euch für die Lektüre dieser bescheidenen Arbeit und hoffe, dass diese Dialoge in Euch den Geist des vorurteilsfreien Kritikers geweckt oder Euch mit einem anderen positiven Bild inspiriert oder neue Blickwinkel aufgezeigt haben.

Ein offener Dialog über alle Aspekte unseres Lebens – ob religiös, politisch oder sozial – ist gesund. Deshalb habe ich beschlossen, unsere Familiendialoge als Teil des allgemeinen gesellschaftlichen Dialogs auf eine größere Familie von Lesern auszuweiten.

In diesem offenen Dialog würde ich mich sehr über Eure Gedanken freuen, liebe Leserin, lieber Leser. Wenn Du möchtest, kannst Du mir Deine Meinung zu diesen oder zukünftigen Themen mitteilen. Ich werde versuchen, Dir persönlich zu antworten oder die Beiträge der Leserinnen und Leser in die Planung des zweiten Teils einzubeziehen, falls es zur Veröffentlichung kommt.

Ist es besser, Ideen ausführlich und gleichzeitig prägnant darzustellen, oder hältst Du es für besser, eine bestimmte Idee breiter darzustellen und Beispiele und Beweise auf Kosten einer geringeren Anzahl von Themen zu vereinfachen und zu erweitern?

Nochmals vielen Dank, dass Du Dir die Zeit genommen hast, diese Arbeit zu lesen

Khalil
Bleibt in Freundlichkeit
Und Friede sei mit Euch
smadi@saar.school

Kommende Themen in den Dialogen zu Religion, Literatur und Politik

- Homosexualität und die Gender-Revolution
- Schulische Lehrpläne und der Einfluss von neuen Ideen

- Islamophobie, Freiheit der Meinungsäußerung , und die Flüchtlingskrise in Europa
- Mischehe ... Tiefe und ruhe Reflexion

- Der Iran und seine Ambitionen in der Region / Eine Lektüre des Buches von „Sobh Sham" Buches eines iranischen Politikers
- Die Entwicklung des schiitischen politischen Denkens nach der iranischen Revolution

- Die arabische Sprache ... Schöne Sprache und lustige Fabeln
- Symbolismus in der arabischen Mythologie
- Jemen ... Der Schlüssel zu den Geheimnissen
- Die sumerische Weltkarte und die Klischees des Britischen Museums

- Kausalität aus dem Blickwinkel der Quantenphysik
- Das Handwerk der zeitgenössischen linken und rechten Missionierung

- Zeitgenössische kritische Trends bei der Lektüre und Analyse des Qur'an
- Das Phänomen des muslimischen Klerikers „Das Handwerk des Grabschürfens"

- Die Ebenen des heiligen Textes in der islamischen Tradition **„Aqeedah"**
- Die Wiederkunft Christi und die Endzeit . Eine intellektuelle Krise
- Die Erfindung des Heiligen Landes und der Bau des Tempels